Cécile

ou

Les Passions.

TOME QUATRIÈME.

𝕻𝖆𝖗𝖎𝖘.

CHEZ L'ÉDITEUR,

RUE GARENCIÈRE, N. 4.

CÉCILE

OU

LES PASSIONS.

IMPRIMERIE DE J. TASTU,

RUE DE VAUGIRARD, N. 36.

CÉCILE

OU

LES PASSIONS

PAR M. E. JOUY

DE L'ACADÉMIE FRANÇAISE.

✻

Je condamne les alliances entre parents ez degrez défendus ; par
cette raison, parmi les aultres, qu'il y a dangier que l'amour
surchargé de l'affection qu'on doibt à la parentèle,
n'emporte hors les barrières de la raison.

MONTAIGNE.

✻

Tome Quatrième.

PARIS

CHEZ L'ÉDITEUR,

RUE GARENCIÈRE, N. 4.

✻

1827.

CÉCILE

ou

LES PASSIONS.

✤✤✤✤✤✤✤✤✤✤✤✤✤✤✤✤✤✤✤✤✤✤✤✤✤✤✤✤✤✤✤✤✤✤✤✤✤✤✤

LETTRE LXXVIII.

✻

ANATOLE A CÉCILE.

Aux Bruyères, ... 1787.

Je suis à deux cents lieues de toi et je t'écris dans l'ivresse du bonheur : un rêve m'abuse-t-il, ou suis-je entièrement privé de la raison ? Non, Cécile ; mais j'habite en ce moment ce vieux donjon, ce temple *des Bruyères*, où la nuit *du 22 octobre....* ton cœur a tressailli.... Je suis assis près de cette petite fenêtre en ogive, où tu m'apparus comme une lueur céleste entre les pampres verts que ta main avait écartés; je retrouve sur ce mur la trace de mes pas; je te vois, le corps penché sur la pierre d'appui, tendre vers moi un bras que je couvre de baisers sans oser le saisir, tant je crains que le moindre effort ne détermine ta chute. Je pénètre dans cet asile mystérieux, je te porte presque évanouie sur ce lit au pied duquel je me prosterne; tu renais sous mes baisers brûlans et ton cœur s'embrase du feu qui me dévore. Je vais expirer d'amour, et je n'ose franchir la barrière de lin qui nous sépare; mais ton bras frémit autour de mon corps qu'il em—

brasse et semble m'attirer vers toi : ô
dernier terme de la félicité divine ! Cécile me presse sur son sein, je m'enivre de ses soupirs, et mes lèvres arden-
tes recueillent sur ses yeux les larmes
de la volupté qui les inondent : quels
ravissemens , quels transports s'empa-
rent de tout notre être et confondent
nos ames emportées dans un torrent
de délices !...

Ne me grondez pas, Cécile , de vous
rappeler cette nuit d'éternelle mémoire ;
qui pourrait supporter l'existence, après
des jouissances pareilles, si l'intervalle
qui les sépare n'était rempli par leur
souvenir ?

C'est là , c'est dans cette chambre
où je croyais avoir connu la félicité
suprême, que je viens de goûter un
bonheur plus grand encore s'il est pos-

sible, en lisant ta dernière lettre. Il est
donc vrai, Cécile, un autre cœur bat
dans ton sein, un autre cœur bat auprès
de ton cœur ; nous serons bientôt deux
pour t'aimer.

Tout est mystère, tout est prédesti-
nation dans notre amour; vois dans
quelle circonstance la nature a voulu
qu'une triple existence te fût révélée : au
moment où, comme un ange du ciel, tu
descends dans la chaumière du pauvre,
pour y ramener l'amour, la joie et le
bonheur, qu'un destin cruel semblait
en avoir bannis pour jamais. Le ciel qui
s'est servi de ta main pour secourir
Émine et Boson, brisera-t-il l'instru-
ment de ses bienfaits, et ses rigueurs
envers toi, sa plus douce image, me for-
ceront-elles à nier une Providence im-
puissante à récompenser tant de vertus?

Tout entier au bonheur d'habiter ces lieux, je ne t'ai point encore dit à quel bienfaiteur j'en suis redevable ; quel autre que Charles aurait deviné ce besoin de mon cœur, ce moyen de me faire supporter une absence dont le terme me semblait plus éloigné que celui de ma vie ?

Dans la retraite studieuse où je m'étais confiné à Orléans, j'avais cru tromper mes ennuis, ou plutôt mes fureurs ; car je dois te l'avouer, Cécile, la soif de la vengeance dévorait mon ame, et l'image toujours présente de ce misérable Montford torturait ma pensée : il avait osé aspirer à ta main ! il se flattait encore de l'obtenir ! et il vivait !....

Charles ne tarda pas à s'apercevoir du trouble que ces projets de vengeance portaient dans mes esprits, et ne

voyant d'autre moyen de m'en distraire
que de m'entourer de ton image, il
s'empressa de faire l'acquisition du domaine des Bruyères dont il m'a rendu
possesseur par un acte de transfert
dont je n'ai eu connaissance que le
jour même où il m'a conduit dans cet
asile.

Juge de mon ravissement, ma bien-
aimée, en me retrouvant dans ce lieu
de délices, dans ce désert enchanté
par ton souvenir; où je puis voir, du
haut de la tourelle que j'habite, la mai-
son de ta nourrice, et jusqu'à la croix
qui surmonte cette petite chapelle de
sainte Cécile que t'a dédiée la recon-
naissance. Je suis ici, avec mon fidèle
Lambert, sous le nom de Boyd; c'est
celui d'un Anglais de mes amis que
j'ai laissé aux Indes. Ta nourrice, qui ne

m'a vu qu'une fois depuis mon retour,
n'a garde de me reconnaître sous le
costume demi-sauvage que j'ai adopté :
cette bonne femme est le seul être vivant du pays avec lequel je communique; elle a seule l'entrée de mon ermitage où elle vient chaque jour appor-
ter nos provisions.

Charles, qui ne sait pas tout le bien
qu'il m'a fait, a trouvé le véritable, le
seul remède à mes maux; ma raison, que
j'ai vu quelquefois près de m'abandonner, me revient saine et entière, et la
solitude où je me trouve seule avec toi
dans la nature, où je te suis pas à pas depuis l'heure de ta naissance jusqu'à cette
nuit du 22 octobre où s'accomplirent
nos destinées; la solitude éteint en moi
tout sentiment de haine et ne me laisse
plus qu'un vœu à former sur la terre.

Il sera rempli, Cécile; bientôt nous serons réunis dans ces bois où fut ton berceau, où j'ai reçu moi-même une nouvelle existence, et où je bénirai même la mort qui ne pourra désormais m'atteindre que dans tes bras : il n'y a rien pour moi dans l'univers au-delà de ton amour, et j'ai besoin de le croire éternel pour embrasser l'idée d'une autre vie.

Nous serons réunis!... Dis-moi, Cécile, quand je t'apercevrai, quand je m'approcherai de toi, quand je te presserai sur mon cœur, le tien se remplira-t-il à l'instant de cette flamme ardente, de ces transports ineffables dont m'enivre la seule pensée de mon bonheur? Ah ! s'il est vrai, comme je l'éprouve, que le temps augmente toutes les impressions fortes, où s'arrêtera donc mon amour? Quel malheur, ô ma douce amie, que les passions, les sermens, les preuves même restent si fort au-dessous de cet amour dont rien n'approche, dont aucun langage humain ne saurait donner l'idée! et que tu m'aimerais bien plus, ma Cécile, si je pouvais ouvrir devant toi le cœur qui le renferme.

Retrouveras-tu sur la feuille de rose que je te renvoie la trace des baisers que j'y imprime?

+++

LETTRE LXXIX.

☀

PAULINE A CÉCILE.

Blois, ... 1787.

JE suis venue passer quelques jours à Beauvoir, chez mon oncle (ne tremble pas pour mon repos; c'est un vérita-ble oncle que celui-là; soixante-seize ans, rembourré de flanelle au mois d'août, fumant et grondant du soir au matin). On s'est imaginé que le voisi-nage de Blois, à l'époque de la foire, ferait diversion au chagrin que me cause le départ d'Albert; les bonnes gens ne se doutent pas du service qu'ils me rendent : ici je n'ai pour surveillante que ma vieille gouvernante, madame Dufaut; j'aurais le temps d'écrire vingt lettres pendant qu'elle prend son café avec sa contemporaine la baronne du Terrage, qui fait, depuis une quarantaine d'années, les honneurs du castel. Nous allons presque tous les jours nous promener à la foire; nous passons devant le bureau de la poste, et j'ai un singulier talent pour glisser une lettre dans la boîte; j'en userai ce soir pour la seconde fois : c'est assez te dire pour qui j'ai fait ma première épreuve. Eh bien ! oui, Mademoiselle , votre frère ne s'est décidé à partir que sur la promesse que je lui ai faite de lui écrire, et je suis esclave de ma parole. Il est allé soutenir son examen à Brest; ins-

truit comme il l'est, il ne manquera pas
d'être reçu aspirant garde-marine; six
mois après on l'expédiera sur quelque
frégate, à l'extrémité du monde; il en
reviendra dans cinq ou six ans peut-
être, et nous nous marierons quand il
plaira à Dieu. Voilà ce qu'on appelle
des arrangemens de famille, où l'on n'a
oublié de consulter que ceux qu'ils in-
téressent; nous sommes si jeunes, di-
sent-ils, comme s'ils avaient peur que
nous fussions trop long-temps heureux ! Que je leur en voudrais, Cécile,
si je ne trouvais au fond de mon cœur
une sorte de plaisir à me sentir dans
une situation semblable à la tienne! J'ai
de la patience pour tes chagrins, j'en
aurai pour les miens; après tout, la
patience n'est qu'une espérance prolongée.

Depuis ton départ, je n'ai pas mis le pied à Beauvoir, ce qui n'a pas empêché que nous n'ayons eu plusieurs fois à Champfleury la visite de l'odieux Montford et de ton père. Je ne te cacherai pas, mon amie, que ce dernier a parlé de ton mariage avec le comte comme d'une chose convenue, et à laquelle toi-même avais donné ton consentement : j'ai élevé quelques doutes d'un ton assez équivoque pour laisser Montford incertain sur le sentiment qui me les inspirait. Je ne serais pas éloignée de croire qu'il ait vu un peu de jalousie dans mon fait, et si j'ai bien interprété le regard qu'il a glissé sur moi, il voulait dire : « Que voulez-vous ? les choses sont trop avancées. » Décidément le chevalier d'Épival a raison, cet homme n'est pas seulement un fat, c'est un sot et un méchant.

Je ne serai pas assez bête pour te donner des nouvelles d'Anatole; j'entends dire aux uns qu'il est à Paris, aux autres qu'il est parti pour l'Angleterre, à M. d'Épival qu'il s'est retiré chez son père, en Provence. Tu sais probablement mieux que moi ce qu'il en est.

La saison des eaux avance, ma chère Cécile : n'en verrai-je pas la fin? A bientôt pour te revoir, à toujours pour t'aimer.

✥✥✥✥✥✥✥✥✥✥✥✥✥✥✥✥✥✥✥✥✥✥✥✥✥✥✥✥✥✥✥✥✥✥✥

LETTRE LXXX.

✻

CÉCILE A SA MÈRE.

Nice, ' ..... 1787.

MA bonne, ma tendre mère, quelques mots échappés à ma tante m'ont
fait concevoir de vives alarmes sur vo—

' Cécile et madame de Neuville étaient toujours à Barèges , mais leurs lettres étaient
timbrées de Nice. Madame de Neuville en donne
la raison dans une de ses lettres précédentes.

Il est aisé de voir qu'entre cette lettre et
la précédente, il existe une lacune de deux ou
trois mois; on a eu et l'on aura plusieurs fois
la même remarque à faire dans le cours de
cette Correspondance.

tre santé. Les prétextes qu'elle a trou-
vés pour ne pas me permettre de lire
le passage de la lettre où M. d'Epival
lui donnait cette triste nouvelle, ont
augmenté mes inquiétudes : je serais
partie sur-le-champ pour vous rejoindre, si je ne courais risque que de ma
vie, à entreprendre en ce moment un
si long voyage. Au nom du ciel, rassu-
rez-moi par un mot de votre main !
Ma situation est déjà si cruelle !.... que
deviendrais-je, si j'allais apprendre
que les chagrins que je vous cause ont
mis vos jours en danger ?

J'embrasse vos genoux.

✧✦✧✦✧✦✧✦✧✦✧✦✧✦✧✦✧✦✧✦✧✦✧✦✧✦✧

LETTRE LXXXI.

✳

MADAME DE CLÉNORD A SA FILLE.

Beauvoir, ... 1787.

JE suis malade, mon enfant; tu le sais, mon mal est incurable, mais rien n'annonce encore que ma fin soit prochaine; j'ai même éprouvé quelques soulagemens des traitemens nouveaux que l'on me fait suivre.

2

En me témoignant tes alarmes sur ma santé, tu m'en causes de bien vives sur la tienne : Cécile, pourquoi ce voyage à Nice? Est-ce à ma sœur ou à toi que les médecins l'ont prescrit? Et cette cruelle situation qui t'empêche de te mettre en route ne m'annonce-t-elle pas le retour du mal auquel je t'ai vue sur le point de succomber, et que tes chagrins peuvent aggraver encore? N'y ajoute point la crainte d'avoir mis en danger les jours de ta mère; ne sais-tu pas bien au contraire que ta tendresse les a prolongés et embellis; que je dois à toi seule les seize années de bonheur que Dieu m'a comptées depuis ta naissance?

J'ai pleuré sur ta faute, mais j'ai trouvé le ciel exorable, et tant que je vivrai tu ne seras point victime de l'intérêt et de l'ambition.... tant que je vivrai, ma fille.... Est-ce dire assez pour ton bonheur?

✦✦✦✦✦✦✦✦✦✦✦✦✦✦✦✦✦✦✦✦✦✦✦✦✦✦✦✦✦✦✦✦✦✦✦✦✦✦

LETTRE LXXXII.

✺

ÉMILIE A CHARLES.

Barèges, ... 1787.

JE ne sais, mon ami, quel ton les
convenances voudraient que je prisse
pour vous annoncer l'heureuse issue
du plus fatal événement. Il est né l'enfant qui n'aurait jamais dû naître, l'enfant de la douleur et de l'amour : c'est
une fille, ou, pour me servir de l'expression anglaise, c'est la plus jolie

petite chose dont on puisse se faire
l'idée. Vous pouvez croire qu'en un
pareil moment je n'étais point disposée
à l'admiration ; et c'est cependant le
premier sentiment qui se soit emparé
de moi à la vue de cette céleste mi--
niature. Je ne vous dirai pas par quelle
suite de circonstances qui tiennent du
prodige, Nathalie (c'est le nom que
nous lui avons donné) est venue au
monde dans la cabane d'un pâtre des
Pyrénées, dont la femme était accou-
chée tout exprès trois semaines aupara-
vant pour la nourrir. Je ne vous par-
lerai pas des dangers de la mère, qu'aucune considération, même celle d'une
mort presque certaine, n'a pu décider
à recevoir les secours du médecin que
j'ai fait appeler ; il suffit que vous sa-
chiez et que vous vous hâtiez d'appren-

dre à un autre que l'on se porte bien,
et que nous sommes toutes deux dans
l'ivresse du malheur qui vient de nous
arriver.

P. S. Je rouvre ma lettre pour y
insérer quelques lignes tracées par Cécile, jusqu'au moment où un miracle
seul pouvait lui sauver la vie.

LETTRE LXXXIII.

※

CÉCILE A ANATOLE.

De la cabane du Pasteur, ... 1787.

Je suis arrivée hier ici, à l'heure où
j'y viens régulièrement.... je n'ai pas pu
en sortir.... j'ai fait prévenir ma tante,
elle est accourue.... Ces bonnes gens
m'ont logée dans-la petite cabane que
j'avais fait construire pour Emine et
Boson, tout auprès de la leur.... J'y suis
à merveille....je souffre, mon cher Anatole....

Lundi matin.

La nuit a été cruelle!.. Ma tante, mon
adorable tante, c'est elle qu'il faut plain-
dre.... La bonne femme Lézer l'effraie
beaucoup sur ma position : elle veut
envoyer chercher des secours à Barèges.... je m'y suis refusée avec une si
ferme volonté, avec une résolution si
inébranlable, qu'elle a craint, en me
contrariant sur ce point, de mettre ma
vie dans un danger plus grand que
celui où je me trouve....

Quatre heures du soir.

... Mon ami, mes forces s'épuisent; si je
pouvais vivre assez pour mourir seule!...

Deux heures du matin.

... Mais non, je meurs tout entière;

c'en est fait.... adieu, mon cher Anatole, il est un terme à mes souffrances.... il n'en est pas à mon amour.... je t'aime.... encore !....

Cinq heures du matin.

...Je t'aime et je vis.... et nous vivons ;... qu'ils sont légers les maux que j'ai soufferts, tous ceux que l'avenir me prépare, comparés aux délices dont mon cœur est inondé !... Je la presse sur mon sein....

...Deux baisers de *nous* qui sommes toi.

✢ ✢

LETTRE LXXXIV.

✳

ANATOLE A CÉCILE.

Aux Bruyères, ... 1787.

DE quelles inexprimables angoisses,
de quel accès de désespoir, Charles
ne m'a-t-il pas sauvé, en me faisant lire
d'abord la lettre de ma sœur, et les derniers mots de la tienne?... Tu vis....
nous vivons !

Ma Cécile, je puis arrêter un moment mes yeux et ma pensée sur ces
lignes effacées par mes larmes, *je meurs*

tout entière ;... il est un terme à mes souffrances,... il n'en est point à mon amour !... Dans ce moment même, où mon cœur est rassuré sur le sens épouvantable de ces mots, je ne puis les lire sans me sentir saisi du frisson de la mort.

Comment cet écrit dont je baise l'un après l'autre chacun des caractères, me fait-il passer en un moment de l'abîme du désespoir au comble de la félicité ! Je ne veux point chercher à t'exprimer ce bouleversement de tout mon être. Il est des émotions qui doivent passer de mon cœur dans le tien, sans l'intermédiaire du langage ; disons seulement que la nature équitable envers nous a récompensé le plus grand des maux par le plus grand des plaisirs, et qu'un malheur tel que le nôtre man-

querait encore à la destinée la plus
heureuse.

Nathalie ! adorable effusion de deux
cœurs prédestinés l'un à l'autre , que
tu seras aimée ! Oui, je l'éprouve, Cécile ;
cet amour si tendre , si puissant que
tu m'avais inspiré , et que je croyais
sans bornes , il pouvait donc s'aug-
menter encore ; tu ne m'as jamais été
si chère , et le nouveau lien qui nous
unit , en achevant de confondre nos
ames, me fait connaître une autre sorte
d'amour que le tien m'a révélé.

Quel doux avenir s'ouvre devant
nous ! C'est ici que fut ton berceau ; j'y
vais préparer celui de ta fille ; l'hymen
nous y réunira dans quelques mois ;
Charles et Emilie viendront s'y fixer
près de nous, et dans cette douce retraite , loin du monde et du bruit , l'a-

mour, la nature et l'amitié ne nous lais-
seront pas un souhait à former sur la
terre.

Ne me dis pas, ma Cécile, que dans
l'ivresse de la joie qui me transporte, je
me crée un bonheur fantastique qu'un
miracle seul pourrait réaliser; s'il faut
un miracle, ma bien-aimée, qui nous
empêche d'y croire après l'événement
qui vient de m'arriver, et dont je te
ferai le récit dans ma prochaine lettre.
J'aurais trop de peine en ce moment à
distraire mon cœur et mon esprit du
sentiment qui les absorbe : adieu, ma
tendre amie; adieu, l'autre bien-aimée
de mon ame; je vous couvre de mes
baisers.

✤ ✤

LETTRE LXXXV.

✺

ANATOLE A CÉCILE.

..... 1787.

JE t'ai promis, Cécile, le récit d'un miracle qui s'est opéré sous mes yeux, et qui m'a réconcilié avec toutes les histoires de fées et de revenans dont on berce trop souvent l'enfance.

Depuis que je suis aux Bruyères, le bonhomme Mouret, vieux concierge de soixante dix-sept ans, ne manquait pas, chaque matin, de venir me faire un nouveau conte sur les esprits, les

fées, les revenans qui hantaient, disait-il, une des ailes du château, bâtie
sous la seconde race, et qu'on avait été
forcé de laisser tomber en ruines, faute
de trouver des ouvriers assez hardis
pour y pénétrer. Je me moquais du
bonhomme, qui tremblait de tout son
corps à la seule pensée que j'oserais un
jour m'introduire dans ce manoir infernal. « Si Monsieur, me disait-il, avait
seulement passé une fois, vers minuit,
sous le *chéne des dames*, ou sans aller
si loin, s'il se trouvait à la même heure
dans la bruyère, au pied de la *tour
des archives*, il verrait, ou du moins il
entendrait des choses qui lui ôteraient
le courage de tenter une pareille entre-
prise. » Je me promis bien de commencer par cette première épreuve.

L'idée m'en revint mardi dernier, en

jetant les yeux sur la tour enchantée
où je croyais voir briller et disparaître
une clarté rougeâtre à travers une des
meurtrières de la tour.

Je descends, et je vais me tapir dans
la bruyère qu'avait indiquée le concierge. J'y étais à peine que j'entendis
les sons prolongés d'une espèce de cornemuse, au moyen de laquelle on cher-
chait à imiter un long gémissement ;
presqu'en même temps, je vis voltiger
sur la plate-forme quelques feux vio-
lets, qui tous me paraissaient sortir du
même foyer où ils revenaient s'étein-
dre. Après avoir réfléchi quelques momens sur ce phénomène, que je m'ex-
pliquais de diverses manières, des éclats
de rire, accompagnés du son lugubre
de la cornemuse, fixèrent à peu près
mes idées sur cette étrange aventure.

Le lendemain, Charles, qui s'était absenté depuis quelques jours, revint à l'ermitage; je lui fis part de mes observations de la nuit dernière, et nous convînmes de commencer, dès le soir même, la chasse aux esprits.

Le bonhomme Mouret, instruit de notre dessein, avait d'abord refusé, sous différens prétextes, de nous donner les clefs de ce pandemonium; mais, quand il nous vit décidés à faire sauter les portes, il nous apporta, en tremblant, le petit coffret de fer où elles étaient renfermées, en nous prévenant qu'il allait quitter le château pour ne pas être témoin de sa destruction et de la nôtre. Nous l'autorisâmes à aller passer la nuit en prières, chez le curé de Souing, son arrière-neveu.

Nous n'attendons pas l'heure du sabbat pour nous mettre en quête; armés jusqu'aux dents, et munis chacun d'une lanterne sourde, nous voilà traversant avec précaution une vieille galerie dont le plancher, écroulé en plusieurs endroits, nous oblige à faire notre chemin de solive en solive jusqu'à la porte fatale qui donne entrée dans la tour. Nous l'ouvrons avec d'autant plus de facilité, que la serrure énorme qui la ferme s'est à peu près détachée du bois vermoulu où elle était encastrée; mais, à notre grand désappointement, nous trouvons cette ouverture murée de l'autre côté de la porte.

Tandis que nous délibérons sur ce qui nous reste à faire, je m'aperçois que la dernière fenêtre de la galerie auprès de laquelle nous nous trouvons, communique à une embrasure de la tour par un petit pont à bascule que l'on n'a pas eu soin de relever. Nous y passons, et nous voilà parvenus à l'un des repos de l'escalier étroit et circulaire qui conduit dans l'intérieur de la tour.

Sans monter plus haut, nous passons sous une petite voûte en forme de corridor, qui paraissait se terminer par une muraille rouge et transparente : nous avançons et nous nous trouvons derrière une simple cloison de serge ; nous faisons, aux deux extrémités, des découpures pour y appliquer nos yeux. Dans une salle ronde, éclairée par une lampe de fer suspendue au plafond, un vaste lit de camp, séparé en plusieurs parties, forme un demi-cercle précisément en face du lieu où nous sommes ; au milieu de la salle, positivement au-dessous de la lampe, une table,

dressée et servie avec une sorte d'élé-
gance sauvage, annonce que l'on attend cinq convives. Au-dessus de chaque lit, un feutre pointu ou un bonnet
de plumes de coq indique le sexe de la
personne qui l'occupe.

Pendant que nous nous communi-
quions nos observations à voix basse,
les sons lugubres que j'avais entendus
la veille parviennent jusqu'à nous, et sont
interrompus quelques momens après
par les éclats de rire qui annonçaient
probablement la fin de cette scène de
fantasmagorie. Comme j'en faisais la
remarque, un rideau semblable à celui
derrière lequel nous étions placés, se
lève, et nous voyons entrer à la file,
un homme à longue barbe, le corps
ceint d'un cordon; trois femmes : l'une
âgée d'environ cinquante ans (l'ima-

gination ne se représente pas la fatalité
sous d'autres traits) était suivie de
deux jeunes filles un peu trop légère-
ment vêtues, même pour la chaleur
excessive qu'il faisait, et d'un petit garçon de quatorze ou quinze ans qui fer-
mait la marche. Les cinq fantômes se
mirent à table, et chacun raconta l'emploi de sa soirée.

Le chef de la troupe avait été désen-
sorceler une femme du village de Contre, sur laquelle on avait jeté un sort ;
la vieille, avec ses deux filles, avait
été danser autour du *chêne des dames*,
dans les bois de Cheverny, et rappor-
tait quelques offrandes en grains, en
vin ou en monnaie, qu'elles avaient im-
posées à la frayeur des paysans. Le
petit garçon était resté en sentinelle
sur le haut de la tour, d'où il avait vu

le bonhomme Mouret s'enfuir du château, vers six heures, en jetant des regards effrayés sur la tour.

Cette circonstance parut donner à
penser au magicien en chef qui or-
donna au petit garçon de monter sur
la tour, et à ces dames d'aller lever le
pont de la galerie, tandis qu'il irait la
parcourir intérieurement. La troupe
sortit par où elle était entrée, et l'homme
à la grande barbe, après avoir allumé
à la lampe un flocon d'étoupes imbi-
bées d'esprit de vin, s'avance de notre
côté, fait glisser sur une coulisse le
panneau qui nous cachait à lui, et se
trouve face à face de deux pistolets
dont nous le menaçons à la fois.

Cet homme recule quelques pas en
témoignant plus de surprise que de
crainte, et nous demande ce que nous

lui voulons. « C'est à nous à vous interroger , lui dit Charles tandis que je
le tenais en joue : que faites-vous ici?
— Je suis chez moi, répondit-il, dans
l'habitation que m'ont léguée mes an-
cêtres, et que nous possédons de père
en fils depuis près de trois siècles. —
Vous savez cependant que cette tour
est une dépendance du châteaus des
Bruyères, et que la crainte et la superstition vous en ont seules assuré la
jouissance. — Nous possédons au même
titre que la plupart des hommes,
ajouta-t-il avec fierté, et dès-long-
temps la prescription nous est acquise.
— Je ne vois en vous , lui dis-je , qu'un
chef de bandits qui désolez la con-
trée, et si vous ne me suivez à l'instant, je vous brûle la cervelle. — Nous
n'avons jamais fait de mal à personne,

et si, pour assurer notre existence, nous avons mis un impôt sur la sottise et la crédulité des habitans de la Sologne, manquons-nous de nobles exemples pour justifier notre conduite? Vous pouvez me tuer, ajouta-t-il, en se retirant lentement à l'autre bout de la salle, mais je ne vous suivrai pas. — Nous t'y forcerons bien , lui dis-je , en me précipitant sur ses pas. — N'allez pas plus loin, il y va de votre vie... » ajouta-t-il en disparaissant derrière l'autre draperie de la chambre.

Nous marchons sur ses traces, mais la crainte de tomber dans quelque piége ralentit notre course. Nous l'entendons, à quelque distance de nous, pousser un cri articulé, mais inintelligible, et nous arrivons assez tôt à l'escalier pour voir toute la famille des-

cendre, ou plutôt se précipiter, au-
dessus de nos têtes, par le noyau du
même escalier, au moyen d'une corde
qui le traversait dans toute sa longueur.
Arrivés au bas, c'est-à-dire à vingt-
cinq ou trente pieds au-dessous du sol,
nous nous trouvons dans un vaste souterrain, au centre duquel vient about-
tir, à cinq ou six pieds de terre, le
noyau de l'escalier.

Ce cachot n'a pas d'autre issue que
la porte étroite par laquelle nous venions d'entrer. Bien sûrs que les esprits
très-matériels que nous poursuivons
sont cachés dans ce souterrain, au
milieu duquel pendait encore la corde
qui les y avait conduits, nous en par-
courions tous les coins, lorsque Charles,
en approchant sa lanterne de la muraille, y lut ces mots : *Gare aux oubliet-*

4

tes !... Cet avertissement nous remet en mémoire les vieilles traditions du château, et nous finissons par découvrir, au centre du cachot, la trape fatale qui s'ouvrait sous les pas des malheureux que la vengeance précipitait jadis dans ce lieu de destruction : il n'y avait pas moyen d'en douter ; c'était par-là que s'étaient échappés le gnome et sa famille. Nous n'étions pas tentés de les poursuivre dans cet abîme, et nous nous contentâmes d'amonceler assez de pierres et de décombres sur l'ouverture du gouffre pour nous assurer que les hôtes de la tour ne pourraient y rentrer, du moins par ce passage.

Cette expédition faite, nous remontâmes dans la tour pour y visiter, plus en détail, des lieux où se perpétuait, depuis trois siècles, une famille inconnue à ses contemporains. Ce que nos recherches nous ont jusqu'ici procuré de plus curieux, c'est un manuscrit qui me paraît renfermer l'histoire de cette singulière colonie. En voici l'extrait :

PHILIPPE ET BÉRENGÈRE.

Vers la fin du règne de l'exécrable Louis XI, ce tyran farouche, renfermé dans le château du Plessis-les-Tours, voulant récompenser son compère Tristan de ses bons et loyaux services, lui fit don du domaine et du château des Bruyères. Cet exécuteur émérite des volontés du monstre couronné avait amené avec lui, dans cette retraite, ou plutôt dans ce repaire, une petite fille de treize ans et un jeune homme

de dix-huit, que le roi avait confiés à
sa garde depuis leur enfance et dont
Tristan lui – même ignorait l'origine.
Philippe et Bérengère (seuls noms
sous lesquels ils aient été connus)
vivaient, depuis deux ans, enfermés
dans la tour des Archives, d'où ils ne
sortaient que pour être représentés
à Louis XI, qui venait, à jour fixe,
tous les trois mois, s'assurer de l'état
de ses jeunes prisonniers.

La dernière visite qu'il leur fit le
20 mars 1482, fut beaucoup plus longue. Le roi les fit dîner avec lui, dans
la chambre à coucher de son compère,
s'assura de leurs progrès dans tous les
genres, les combla de caresses qui furent assez mal reçues par le jeune Philippe, et les quitta en disant à Tristan,
après avoir baisé l'image de Notre-

Dame d'Embrun attachée à son bonnet : *Demain ;.... la poire est mûre.*

Leur arrêt était prononcé ; rien n'en pouvait retarder l'exécution. Le lendemain, à la pointe du jour, Tristan lui-même fit descendre Philippe et Bérengère, attachés l'un à l'autre par un bras, dans le cachot souterrain dont il ne referma la porte qu'après avoir entendu trébucher sous eux la trappe des oubliettes.

Par un miracle que l'auteur du manuscrit explique d'une manière naturelle, l'infernale machine qui devait mettre les jeunes infortunés en lambeaux, les descendit sains et saufs au fond de l'abîme. Philippe que son courage et sa présence d'esprit n'avaient pas abandonné dans ce terrible moment, s'occupa d'abord de détacher son lien ; un hasard plus heureux peut-être que celui de sa chute, lui fit trouver dans la poche de sa soubreveste un petit ustensile de ménage dont il s'était servi plus d'une fois pour rallumer sa lampe pendant la nuit, dans la chambre de la tour. Il en fit usage avec assez de succès pour éclairer un moment le gouffre où il était plongé, et pour fixer l'étincelle bienfaisante dans un petit foyer qu'il alluma au moyen de quelques morceaux de ses vêtemens et des débris de végétaux dont ce cloaque était tapissé.

Après avoir rappelé les sens de sa petite compagne, au moyen des gouttes d'eau que la terre laissait transsuder autour d'eux, Philippe et Bérengère en vinrent à regretter que le sort leur eût conservé quelques heures de vie, pour

les laisser lentement périr dans les tourmens de la faim.

Ils commençaient à en sentir les angoisses, quand Philippe se levant avec
fureur : «Il me reste assez de force, dit-
il, pour ne pas mourir sans vengeance;»
et ce malheureux jeune homme essaie
de remonter dans le cachot supérieur,
à l'aide de la machine homicide qui
les a descendus dans les entrailles de
la terre : il y parvient, mais la porte
de fer du cachot est fermée ; n'aurait-
il fait que changer de tombeau. En tâ-
tonnant, sa main rencontre une grosse
corde perpendiculaire dont le bout est
fixé à un anneau ; il s'y cramponne, la
détache, et dans le même moment il
se sent enlever à une très-grande hau-
teur. A la clarté de la lune, il a re-
connu le palier où il se trouve; il con-

duit à la salle d'armes qui précède la chambre à coucher de Tristan. Philippe y entre, se saisit d'un poignard attaché à la muraille, pénètre sans obstacle par la porte secrète qu'il connaît, jusqu'au pied du lit du monstre qui dort ; il le réveille par ces mots : *La poire est mûre*, et le poignarde.

Le coup terrible qu'il a frappé n'a pas interrompu le silence qui règne dans le château ; l'intrépide jeune homme en connaît les détours, il va s'approvisionner à l'office des objets dont il a le plus pressant besoin, et court se replonger vivant, à travers les mêmes dangers, dans l'abîme où Bérengère n'attendait plus que la mort.

Heureux d'avoir satisfait sa vengeance, Philippe ne songe plus qu'à sa jeune compagne : l'expérience qu'il

vient de faire avec tant de bonheur et
qu'ils pourraient répéter ensemble ; ne
leur laisse cependant aucun espoir de
salut; Tristan est mort ; mais son odieux
fils aussi cruel que son père, mais
Louis XI vivent encore ; ils auraient
bientôt ressaisi leurs victimes. Cet abîme a conservé leur vie, il en protégera
le cours ; peut-être existe-t-il quelque
issue : c'est à cette recherche qu'ils
vont consacrer le temps dont ils n'au-
ront plus que leurs besoins pour mesure.

Ils touchaient à la fin de leurs pe-
tites provisions, et Philippe lui-même
ne songeait pas sans effroi, à remonter dans la tour pour s'en procurer de
nouvelles, lorsqu'en passant dans une
espèce de galerie souterraine qu'ils
avaient déjà déblayée dans un assez
long espace ; ils découvrirent un canal

en maçonnerie, que Philippe reconnut
pour un ancien aqueduc. « Courage,
Bérengère, s'écria-t-il, nous sommes
sauvés. » Ils l'étaient en effet : après une
heure de marche, sous une voûte dont
vingt siècles n'avaient pu détacher une
seule pierre, ils revirent la lumière au
sommet d'une de ces collines dont le
lac de Soing est environné.

Dès ce moment leur plan est fait ; le
miracle, auquel ils doivent la vie, est
pour eux-mêmes la preuve d'une mis-
sion divine ; ils ne rentreront pas dans
la société des hommes, et ne se feront
connaître à leurs semblables qu'entou-
rés du prestige d'une existence surna-
turelle. Plusieurs apparitions nocturnes
aux bords du lac, au haut de la tour,
les ont déjà signalés à la superstition
publique. La mort de Tristan, celle de

son fils qui ne lui survécut que de quelques mois, la maladie mortelle dont le tyran du Plessis–les–Tours est frappé, sont l'ouvrage de la fée Argine et de l'enchanteur Abriel (c'est le nom que leur donnent les paysans de la Sologne, dont ils sont à la fois la terreur et l'amour).

Établis d'abord dans la partie la plus exhaussée et la plus commode de l'aqueduc, ils communiquent, à la fois, dans la campagne et dans la tour des Bruyères, et telle est l'épouvante qu'ils y répandent, que les habitans du château finissent par la leur abandonner tout entière.

Quelques années s'écoulent, pendant lesquelles il est permis de croire que l'amour vint embellir la solitude des deux jeunes magiciens; car, en poursuivant la lecture de ce manuscrit, on retrouve plusieurs fois Bérengère dansant avec ses deux filles autour du *Chêne des Dames*, à la lueur des feux follets qui voltigent de branche en branche.

La suite de ce grimoire de vingt écritures différentes, la plupart indéchiffrables, ne contient que des notes sans ordre et sans dates, entremêlées de recettes, de formules, de prédictions; mais cependant on peut encore y trouver la preuve que la famille souterraine, dont Philippe et Bérengère furent la souche, s'est perpétuée sans lacune et sans mésalliance depuis le milieu du quinzième siècle jusqu'à nos jours; que pendant ce laps de temps elle est restée en possession de la tour du château des Bruyères d'où je viens

de la déloger impitoyablement et sans
examiner si ses droits de propriété,
moins légitimes que les miens, ne sont
pas plus sacrés [1].

[1] Cette anecdote, fondée sur une vieille tra-
dition du pays, se trouvait en effet consignée
dans un manuscrit que je me souviens d'avoir
vu dans la bibliothèque du château *d'Herbeaux*,
appartenant à la famille Maurepas. Mais j'ai
depuis habité la Sologne, et j'ai pu m'assurer
que le récit d'Anatole manque d'exactitude
sur plusieurs points : on ne connaît pas de château qui s'appelle ou qui se soit appelé *les
Bruyères*, aux environs du lac de Soing; on
y voit le tracé d'un camp romain, et des fouil-
les récemment commencées ont fait découvrir
quelques antiquités; mais je n'ai point entendu dire qu'on y ait encore trouvé aucun
vestige d'aqueduc. Ces erreurs de localités pa-
raissent avoir été commises dans l'intention de
dépayser le lecteur.

(*Note de l'Éditeur.*)

Cécile, tu ne me reprocheras pas cette injustice quand tu sauras le projet que j'ai formé.... Nous avons aussi nos Tristan et nos Louis XI.... et nous habiterons la tour des Archives !

+++++++++++++++++++++++++++++++++++++++

LETTRE LXXXVI.

✳

CHARLES D'ÉPIVAL A MADAME D'HOUDETOT,
POUR REMETTRE A MADAME DE NEUVILLE [1].

Beauvoir, 10 heures du matin, 1787.

REVENEZ, ma tendre amie, mais ne pressez pas votre retour. Hélas! il n'est plus temps.... madame de Clénord aura cessé de vivre quand vous recevrez cette lettre.... Pauline, par qui je re-

[1] On reconnaît encore ici une lacune de plusieurs lettres.

çois cette affreuse nouvelle, ne l'a ap-
prise elle-même que depuis quelques
heures. J'ignore les raisons de M. de
Clénord pour avoir caché à tout le
monde l'état désespéré où se trouvait depuis huit jours sa malheureuse épouse,
mais j'ai su de lui-même qu'il avait fait
partir hier mademoiselle d'Obson,[1] pour
Nice, avec l'ordre de ramener sa fille.
On m'assure que des prêtres, du choix
de M. de Clénord, se sont emparés des
derniers momens de sa femme, et (j'ai
plus de peine à le répéter qu'à le croire)
qu'on a exigé d'elle, avant de recevoir
les sacremens, qu'elle rétractât le consentement qu'elle avait donné par écrit
au mariage de Cécile et d'Anatole.

Chaque ligne que je trace déchire

[1] La femme de chambre de Cécile.

votre cœur, je le sais; mais de quoi servirait-il de vous laisser ignorer quelques
jours de plus un pareil malheur? . .

. . . .

A huit heures du soir.

Elle n'est plus, je me hâte de retour-
ner aux Bruyères, où j'ignore comment je m'y prendrai pour instruire
Anatole de la perte qu'il vient de faire.
Je suis encore forcé de vous faire partager les inquiétudes qu'il me donne;
depuis quelque temps l'exaltation de sa
tête augmente, et le moindre ébran-
lement peut altérer sa raison. Hier, avant
mon départ, il m'a entretenu sérieuse-
ment du projet de conduire Cécile, aus-
sitôt son arrivée, dans la tour des Archives, et d'y mener avec elle la vie

de la famille de Bohémiens que nous
venons d'en chasser.

P. S. Ci-joint un billet ostensible que
vous pourrez communiquer à Cécile.

++++++++++++++++++++++++++++++++++++++

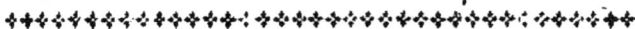

LETTRE LXXXVII.

❋

MADAME DE NEUVILLE A CHARLES D'ÉPIVAL.

Blois, 1787.

Nous sommes à Blois ; l'état de Cécile ne me permet pas d'aller plus loin. Vous n'êtes pas venu à notre rencontre, mon frère est plus malade, je n'en saurais douter.... Jugez, mon ami, de la situation cruelle où je me trouve, je perds une sœur chérie, et je ne puis m'abandonner à mes propres douleurs.

Votre lettre, en m'apprenant un mal-

heur que je ne ressens pas moins vivement pour y être dès long-temps pré-
parée, ne me laissait pas le choix du
parti que j'avais à prendre; il fallait
ramener Cécile à Beauvoir, et désormais
l'ordre de sa mère pouvait seul la déterminer à quitter la chaumière du pasteur des Pyrénées. Tous ses sentimens
sont des passions immodérées; jugez
de son amour pour son enfant : quelque
chose que j'aie pu lui dire sur le danger
qu'il y avait pour elle, à commencer une
nourriture qu'elle ne pourrait achever,
je n'avais pu depuis cinq semaines l'arracher du berceau de Nathalie, auprès
de qui elle remplissait avec ivresse tous
les devoirs de la plus tendre mère.

Je lui montrai le billet dans lequel,
en m'annonçant le danger de madame
de Clénord, vous me disiez qu'elle

demandait sa fille.... Cécile ne balança plus; elle passa la nuit entière à baigner son enfant de ses larmes, en invoquant le pardon de sa mère, et dès le lendemain matin elle me signifia qu'elle voulait partir. Ce fut en vain que je fis valoir des considérations de santé qui l'obligeaient à retarder son départ de trois ou quatre jours. « Eh! ma tante, s'écria-t-elle avec l'accent du désespoir maternel, à quoi cela servirait-il? j'irais les passer à la chaumière. »

Nous partons, et dès-lors Cécile tout entière à l'idée de sa mère mourante, ne pense plus qu'à abréger le voyage; elle fait mettre deux chevaux de plus à notre voiture, double le prix des guides, et nous courons nuit et jour sans nous arrêter un moment.

A mesure que nous approchions, ses

larmes coulaient moins abondantes;
l'inquiétude dont elle était de plus en
plus dévorée en tarissait la source.

Nous arrivons à Blois, j'insiste pour
nous arrêter à l'hôtel d'Angleterre, dans
la cour duquel j'ai fait entrer la voiture ; elle s'y refuse et propose trois
louis aux postillons pour la conduire
sans dételer à Beauvoir.... Je suis des-
cendue, et debout à la portière, je la sup-
plie, en pleurant, de venir attendre dans
un lieu plus commode qu'on ait changé
les chevaux.... La maîtresse de l'hôtel,
qui nous a reconnues, s'avance et mê-
lant ses sollicitations aux miennes :
« Venez, Mademoiselle, dit-elle en pleurant, vous ne trouverez ici que des
cœurs qui connaissent toute l'étendue
de la perte irréparable que vous avez
faite.... »

« Grand Dieu ! ma mère est morte, »
s'écria Cécile en s'élançant de la voiture,
et tombant évanouie entre nos bras.
Nous l'avons transportée dans une
chambre où elle n'a recouvré ses sens
qu'au milieu des plus violentes convulsions que rien ne peut apaiser.

M. de Clénord, que j'avais fait prévenir, arrive à l'instant même.

✤✦✤✦✤✦✤✦✤✦✤✦✤ ✤✦✤✦✤✦✤✦✦ ✤✦✤✦✤✦✤✦✤✦✤✦✤

LETTRE LXXXVIII.

✳

LA MÊME AU MÊME.

Blois, 1787.

PLUS d'espoir ! Cécile est perdue pour nous... La présence de son père a décidé de son sort. L'état où elle était lorsqu'il arriva hier à quatre heures de l'après-midi, attendrit un moment ce cœur de bronze, et la douleur dont sa fille le vit pénétré parut adoucir la sienne. La source des larmes se rouvrit, et les convulsions s'apaisèrent. Elle ne se lassait pas d'entendre parler

de sa mère , et sa pieuse douleur re-
cueillait avec avidité les dernières paroles sorties de sa bouche. Croirez-vous
que ce père inhumain choisit un pareil
moment, pour lui montrer l'écrit fatal
dont un prêtre fanatique ou criminel
avait fait le gage du viatique qu'il ne vou-
lut administrer qu'à ce prix à madame
de Clénord au moment d'expirer ?

Après avoir lu ce papier et l'injonc-
tion qui le terminait, dans laquelle madame de Clénord conjurait sa fille de
renoncer à Anatole et d'épouser le
comte de Montford, Cécile regarda son
père avec une expression de terreur et
de désespoir où j'aurais dû voir la résolution qu'elle allait prendre. Sans
exprimer une plainte, elle demanda la
permission à son père de se retirer
dans sa chambre pour y prendre quelque

6

repos jusqu'au lendemain matin, où nous devions tous ensemble reprendre le chemin du château.

Cécile en nous séparant se jeta dans mes bras, où je la tins quelques momens serrée, et sortit en saluant, mais sans embrasser son père. Pendant les deux heures que je restai seule avec M. de Clénord, j'achevai de me convaincre que cet homme était sans entrailles, et que ma malheureuse nièce allait vivre sous un joug d'autant plus insupportable, qu'elle n'avait plus de mère pour en alléger le poids. J'avais accepté cependant la proposition qu'il m'avait faite de rester à Beauvoir jusqu'à la fin du deuil de Cécile.

En passant devant la porte de sa chambre, qui ne communiquait avec la mienne que par le corridor, j'aurais

été surprise qu'elle en eût retiré la clef
avant de m'avoir revue, si je n'avais
réfléchi qu'elle avait pu craindre que
son père n'y rentrât avec moi.

J'étais si horriblement fatiguée de la
route que nous venions de faire, et des
tourmens de cette dernière journée,
que, malgré les chagrins et les inquiétudes qui déchiraient mon ame, je dor-
mais encore à sept heures du matin,
quand M. de Clénord vint frapper à ma
porte, en me demandant si Cécile était
chez moi. Effrayée de cette question,
je me lève à la hâte, J'entre avec
lui dans la chambre de sa fille ; elle
était sortie : tandis qu'il court interroger
l'hôtesse et les gens de l'hôtel, je visite
l'appartement, je retourne tous les
meubles, et je découvre sous un flambeau dont la bougie avait été consumée

tout entière, un billet de Cécile qui
portait mon adresse, où je lis ces
mots :

« Je n'ai plus de recours sur la terre ;
je me réfugie dans les bras de Dieu : je
suis en ce moment au couvent de Laguiche ; je n'en sortirai jamais. Par-
donnez-moi, ma bonne tante, et n'ou-
bliez pas Cécile *tout entière....* »

Je viens de montrer ce billet à M. de
Clénord ; il se rend au couvent, où je
n'ai pas voulu l'accompagner.... Adieu,
mon ami, plaignez-moi et venez me
voir à Champfleury où je vais me
rendre. Je suis décidée à ne plus remettre
le pied à Beauvoir.

++

LETTRE LXXXIX.

✻

CHARLES D'ÉPIVAL A VICTOR D'ÉPIVAL [1].

Une heure du matin.

Non, mon frère, non, mon ami, de quelque nécessité que soit en ce moment ma présence à Rennes, je ne saurais même assigner de terme à mon séjour dans les lieux où je suis. Les malheurs d'une famille que je re—

[1] On a supprimé une partie des lettres de Victor d'Epival à son frère, et l'on n'a conservé que celles de Charles, qui se liaient à l'histoire d'Anatole.

garde comme la mienne, m'attachent
ici plus irrévocablement que n'auraient
pu le faire les liens qui devaient m'u-
nir à madame de Neuville, et qui peut-
être ne se formeront jamais.

Vous vous étonnez du silence que je
garde avec vous depuis deux mois, et vous
paraissez croire qu'entièrement absorbé
dans mes projets d'hymen, je ne m'en
remets à vous des soins de tous mes in-
térêts de fortune, que pour éviter de
me distraire quelques instans du sentiment dont mon cœur est rempli. Pourquoi suis-je obligé, mon cher Victor
d'affliger votre amitié pour justifier la
mienne, et de vous prouver que je suis
le plus malheureux des hommes pour
vous empêcher de croire que j'en suis
le plus ingrat? Peu de mots suffiront :
les deux mois de silence que vous me

réprochez m'ont accablé des coups les
plus affreux : madame de Clénord est
morte ; Cécile s'est jetée dans un couvent, et Anatole près de qui je veille
en ce moment a perdu l'usage de sa
raison.

Vous n'exigerez pas de moi, mon
frère, que je sonde mes blessures ou-
vertes et saignantes, et que je vous
retrace, dans leurs affreux détails, des
événemens qui ont porté le désespoir
dans l'ame d'une femme adorable à
laquelle j'allais être uni : vous le dirai-
je enfin, la vue des maux que j'ai maintenant sous les yeux, le spectacle ef-
frayant du délire d'Anatole, fait une
sorte de trêve à toute autre douleur ,
ou plutôt les réunit sur un seul objet....
Il me reconnaît encore.... les médecins
ne croient pas son mal sans remède ,

si l'on parvient à l'assujetir à un trai-
tement ; mais pour cela, il faudrait
qu'on pût le décider à recevoir leur
visite, et la réception qu'il a faite au
premier qui s'est présenté, n'est pas de
nature à encourager les autres....

Il m'appelle : adieu, mon cher Victor; je vous écrirai pour vous donner
des nouvelles de mon malheureux ami.
Aimez et plaignez votre frère.

✛✛✛✛✛✛✛✛✛✛✛✛✛✛✛✛✛✛✛✛✛✛✛✛✛✛✛✛✛✛✛✛✛✛✛✛

LETTRE XC.

✸

PAULINE A CÉCILE.

Champfleury , ... 1787.

IL est donc vrai , Cécile , tu ne veux point me voir ; tu ne veux voir personne ; mais suis-je quelqu'un moi ? Ne suis-je pas l'amie de ton cœur, la compagne de ton enfance ? ne m'as-tu pas appelée cent fois ta sœur ?... Cécile, au nom de l'amitié, au nom de tout ce qui te fut cher au monde, ne brise pas avec tant de cruauté le saint nœud qui nous lie; ne déchire pas le cœur de Pauline; les cruels t'ont causé bien des maux! mais moi, que t'ai-je fait?... n'as-tu pas toujours été le premier intérêt de ma vie?... le premier, Cécile!... et tu pourrais m'abandonner sans pitié, sans remords?... Non, ce n'est pas ta volonté que l'on m'a fait connaître; non, tu ne m'as pas interdit ta vue!... Mais cependant, c'est madame de Neuville qui me l'assure; elle-même n'a pu pénétrer jusqu'à toi; n'importe, nous nous réunirons malgré toi; s'il est vrai, comme ton père l'a dit au mien, que tu sois décidée à te faire religieuse, mon parti est pris, je quitterai mon père, ma famille, et j'irai m'enchaîner au pied des mêmes autels où j'ai déjà vu mourir une amie.

Cécile, nous n'avons jamais été sé-
parées; dans notre enfance le même
berceau nous a souvent réunies; les
premiers jours de notre jeunesse se
sont écoulés dans ce cloître où tu
veux achever ta vie; tu ne m'y atten-
dras pas long-temps... Madame de Neuville se charge de te faire parvenir ce
billet; si tu ne me réponds pas, j'en-
tendrai ton silence.

✦✧✦✧✦✦✧✦✧✦✧✦✦✧✦✧✦✧✦✧✦✧✦✦✧✦✧✦✧✦✦✧✧✦

LETTRE XCI.

❋

CÉCILE A PAULINE.

Octobre, 1787.

Je croyais impossible, ma tendre amie, que rien pût aggraver mes souffrances; ta lettre m'a prouvé que mon cœur renfermait une source intarissable de douleurs : il était donc de ma destinée de faire le malheur de tous ceux qui m'ont aimée.....

Lorsqu'à mon retour des Pyrénées
(où m'ont retenu des événemens que tu
n'as pas dû connaître), j'appris, en ar-
rivant à Blois, que je n'avais plus de
mère, et que l'autorité paternelle m'attendait pour m'imposer un joug qu'aucune puissance au monde n'aurait pu
me faire subir, je ne pris conseil que
de mon désespoir : un amour funeste,
invincible, avait causé ma perte et détruit le bonheur de toute ma famille ;
peut-être, hélas ! avait-il conduit ma
mère au tombeau ; et cependant, juge,
Pauline, de l'horreur de ma position ;
ce n'est qu'au sein de cet amour criminel, source de tant de maux, que
j'aurais pu trouver la récompense de
mes longues douleurs.

Je m'étais réfugiée au couvent pour

éviter de rentrer sous le toit paternel;
mais, faut-il te l'avouer? j'y nourrissais
l'espoir d'en sortir bientôt, et de con-
fier mon sort à celui qui s'en était
rendu l'arbitre. Résolue à ne point voir
mon père, j'ai dû dans ces premiers
momens me priver du bonheur de te
serrer dans mes bras; mais j'étais loin
alors de regarder notre séparation
comme éternelle. Un dernier coup du
sort vient d'achever de briser mon
cœur; la raison d'Anatole s'est éteinte
dans les angoisses du désespoir. Dès ce
jour tout a fini pour moi; j'ai résolu de
mettre entre le monde et moi une barrière insurmontable, et j'ai choisi la mort
la plus lente pour jouir au moins de
mes regrets et de ma douleur : tu en
connaîtras toute l'étendue, ma chère
Pauline, quand je t'aurai dit que mon

amitié pour ma tante et pour toi n'est pas le lien qui me coûte le plus à rompre.

Non, Pauline, je ne sortirai plus des murs où je suis enfermée, et j'attendrai avec impatience la fin de mon noviciat pour m'enchaîner au pied des autels : c'est là seulement qu'il m'est permis de vivre encore..... Mais toi, Pauline, devant qui s'ouvre une si longue carrière de bonheur; toi, l'idole d'une famille chérie, l'espoir d'un amour vertueux, l'ornement d'un monde où tous les succès t'attendent, où tous les hommages te suivront, tu viendrais m'imposer ici le remords d'un crime plus grand que le mien? oui, Pauline, plus grand que le mien. J'af-

flige l'amitié, mais je ne l'outrage pas;
je quitte un père qui ne m'a jamais
aimée; tu abandonnerais un père qui
te chérit, et qui voit en toi l'appui, la
consolation, l'honneur de sa vieillesse.
La vie a perdu pour moi tout son en-
chantement : Anatole m'est ravi!......
Est-ce à moi de te rappeler que j'ai un
frère, et que le même sentiment qui
m'éloigne à jamais du monde te fait
un devoir d'y rester?... Ah! si quelque grande infortune devait un jour
t'atteindre; si ,..... (que le ciel te pré-
serve d'un pareil malheur!) si tu avais
jamais à gémir de la perte de la moitié
de toi-même, c'est alors, Pauline, mais
seulement alors que tu viendrais chercher auprès de moi, dans la retraite
où je vais achever mes jours, ces con-

solations de l'amitié qui ne peuvent avoir d'effet que sur les cœurs éprouvés par les mêmes chagrins.

✿✿✿✿✿✿✿✿✿✿✿✿✿✿✿✿✿✿✿✿✿✿✿✿✿✿✿✿✿✿

LETTRE XCII.

❀

CHARLES D'ÉPIVAL A VICTOR D'ÉPIVAL.

Des Bruyères, ... 1787.

Il ne reconnaît plus personne !
Madame de Neuville, qui venait le
voir tous les jours, a été témoin avant-
hier du plus terrible accès de démence qu'il eût encore éprouvé : elle
n'a pu supporter ce spectacle sans
s'évanouir; je lui ai fait promettre qu'elle
ne viendrait plus chercher ici des émotions dont la violence est au-dessus de
ses forces.

Vous vous souvenez, mon cher Vic-

tor, qu'en vous parlant d'Anatole, dans
toutes mes lettres, je vous l'ai toujours
représenté comme un de ces hommes
marqués par la nature du sceau de la
supériorité, et dont les passions seules
pouvaient vaincre la destinée. L'état
cruel où il est réduit, loin de changer
mes idées à son égard, semble leur
prêter une nouvelle force; on dirait
que, dans son délire, Anatole abjure
volontairement une raison vulgaire,
pour se soumettre aux lois d'une plus
haute intelligence. Telle est, sur ce
point, la préoccupation de mon esprit,
que je recueille avec un soin religieux
toutes les paroles qui sortent de sa bouche et toutes les pensées qui s'exha-
lent de son cœur, sans avoir été sou-
mises à la réflexion dont il a perdu l'organe.

Mon malheureux ami, qui ne voit plus en moi qu'un secrétaire que le vieux professeur de philosophie lui a envoyé d'Orléans, a consenti à ce que je couchasse dans sa chambre, pour me dicter, à toutes les heures du jour et de la nuit, ce qu'il a lui-même intitulé *Mémoires d'un Fou*, un jour où il avait encore assez de raison pour s'apercevoir qu'il commençait à la perdre.

Il y avait soixante heures qu'il n'était entré dans son lit; il vient de consentir à se coucher : il dort; son sommeil est calme, et j'en profite pour copier quelques fragmens intelligibles de son manuscrit.

MÉMOIRES D'UN FOU.

....Je suis dans les ténèbres.... Je ressens je ne sais quelle chaleur vive et sombre; mon cerveau brûle, et pourtant ma raison s'éteint.... le flambeau fume encore, il n'éclaire plus !.... Malheureux Anatole, tu ne peux même rassembler les débris d'une pensée autrefois puissante, d'une imagination autrefois active; la mémoire m'abandonne, et je me dévore dans la conscience de ma propre destruction....

. . . .

L'horizon s'éclaircit, les nuages s'effacent !.... Je le revois ce monde que je déteste ; une puissance de pénétration, qui m'était inconnue, m'en dé-

couvre la profonde stérilité.... Science !
esprit ! vertu ! qu'est-ce ?.... Rien ; le
désespoir !

Si je suis, si j'ai vécu, j'ai senti tous
les biens, tous les maux de la vie; l'a-
mour !.... l'amour ! Pourquoi ce mot,
qui réveille en moi tant de ravissement,
de douleurs, de voluptés, de regrets
même, ne me rappelle-t-il pas son autre nom ?... Elle est là, cependant, je
l'entends, je la vois, et je ne puis l'appeler.... Elle viendra; que lui dirai-
je?.... La pluie qui abreuve le sable
aride et brûlant du désert n'y verse pas
la fraîcheur et la fécondité. . . . . . .
. . . .

Un génie m'a dit l'autre jour : « Tu
feras le malheur de tous ceux qui t'ai-

ment;... tu seras une épouvantable ca-
lamité pour l'insensée qui attachera sa
destinée à la tienne. » Il mentait; elle
est heureuse, et mon cœur nage dans
la joie.... .

D'où vient donc que je pleure ?....
Misérable! tu l'as perdue, tu l'as tuée
de ta propre main.... Dis au moins dans
quel tombeau à fleur de terre tu as
placé ses restes.

(Il se lève, et parcourt la chambre
à grands pas comme un homme qui
entreprend une route. Après une heure
de marche, il s'arrête quelque temps
immobile à l'une des croisées qui donnent sur un vaste champ de bruyères,
de l'aspect le plus triste; puis il revient
s'asseoir et continue à écrire.)

Ces montagnes sont majestueuses, ces forêts sont belles, ces prairies sont riantes; de nombreux ruisseaux les arrosent. Cet œil de l'Univers, qui s'ouvre pour lui rendre la vie, offre un merveilleux spectacle : je l'admirais, jadis; mais cette gaieté de la nature n'est plus à mes yeux qu'une sanglante ironie, elle insulte à mes peines. C'est un désert, c'est une caverne qu'il faut au lion blessé....

Pourquoi ne pas mourir.... Suis-je un lâche?.... Non; mais j'ai tout oublié; je ne sais plus comment on meurt: pauvre moi!

(Il pose sa plume, appuie sa tête sur ses deux mains, et fond en larmes.)

L'orage vient de fondre sur la forêt;

la foudre a brisé les arbres.... le chêne
est frappé, et ne tient plus à la terre
que par quelques racines à demi brû-
lées.

Je mettrai un jour plus d'ordre
dans mes pensées ; aujourd'hui mes
souvenirs sont confus comme des mys-
tères ; mes idées se suivent et ne s'en-
chaînent pas : des images surnaturelles,
des fantômes extravagans m'environ-
nent de toutes parts ; encore si je pouvais les fixer !.... Je sais seulement que
je viens d'atteindre le terme de mes
jours.... La mort ! Non, ce n'est point
elle encore... c'est la vieillesse.... Cependant ma trentième année n'est pas
sonnée.... Les passions font des siècles
avec des heures.... J'ai atteint le terme
de ma vie...

8

Quels sont ces deux êtres bizarres qui forment des danses autour de moi, et me font signe de me joindre à leurs jeux ? Je les reconnais.... c'est le Temps et l'Espérance. Que me veulent–ils, ces décepteurs de l'humanité ?.... m'aider à supporter la vie.... Loin de moi cet affreux bienfait.... Ils rient d'un rire infernal, et me présentent un fantôme sous un linceul.... C'est elle !.... Qui ?... C'est elle, vous dis-je.... Quelle blancheur sépulcrale ! quelle immobilité dans tous ses traits !.... Je t'ai laissée croissant au milieu des fleurs et des songes de l'espérance, jeune, brillante, heureuse, et maintenant, regarde, je suis changé comme toi-même.... Ses yeux sont fermés.... elle dort....

(A travers la porte vitrée du cabinet où je vous écris, je vois Anatole assis sur son lit; le mouvement convulsif dont sa tête est agitée, m'annonce une crise nouvelle. Je me hâte de fermer ma lettre.)

+++

LETTRE XCIII.

❁

LE MÊME AU MÊME.

Des Bruyères, 1787.

SUITE DU JOUNAL D'UN FOU.

Il semble que notre malheureux ami soit destiné à traverser toutes les phases de la folie. Son dernier accès a été signalé par une bizarrerie qui m'afflige d'autant plus qu'elle est étrangère au délire d'amour qui a troublé sa raison; cette fois le désordre était tout en-

tier dans sa tête : ce qu'il y a de vraiment
extraordinaire, c'est que dans les pages
suivantes, il fait preuve d'un genre
d'érudition que je ne lui soupçonnais
pas : serait-il vrai, comme je vous l'ai
souvent entendu dire, que cette même
affection cérébrale qui nous fait perdre
des connaissances acquises, peut quelquefois en développer en nous de nouvelles ?

Quoi qu'il en soit, je connaissais à
Anatole tous les dons naturels que le
cœur d'un homme peut renfermer, et
les plus brillantes facultés de l'esprit ;
mais j'ignorais complètement qu'il eût
eu le témps ou la patience de converser
avec les vieux livres, et qu'il fût érudit.

J'ai lieu de croire qu'un bouquin

poudreux , laissé par hasard sur la
cheminée de sa chambre à coucher , a fait naître chez lui la série
de pensées tristement bouffonnes, dont
vous trouverez l'empreinte dans les
feuilles que je vous envoie. C'était
un livre ascétique de sainte Thérèse , intitulé *la Tour divine.* Anatole
passa toute la journée d'hier à lire at-
tentivement ce volume. Je ne jugeai
point convenable de le troubler. Cette
lecture me semblait plutôt une occu-
pation machinale, qu'un travail de l'esprit, et je me félicitais de voir sa pensée,
en se fixant sur un objet, reprendre un
peu de calme.

A la fin de ce traité mystique, se
trouve une liste fort longue des écrivains ecclésiastiques qui ont traité le

même sujet que sainte Thérèse : ce fut là, autant qu'il m'est permis de le pré- sumer, ce qui attira spécialement les regards et causa la méditation de notre pauvre ami.

La voici telle qu'il l'a écrite [1].

[1] Cette partie de l'Histoire d'un Fou est littéralement historique.

CONVERSATION

AVEC LES IMMORTELS.

« Ah! vous voilà; vous sortez de vos
tombeaux; les catacombes littéraires
s'ouvrent. Pauvres immortels, que vous
avez dormi long-temps! vos contemporains vous encensaient; que de louan-
ges! que de vanité! que de fumée! con-
quérans d'une gloire éternelle.... plus
inconnus que le plus humble artisan
de nos villages!

» Mais je veux lier conversation avec
vous.... Sortez donc de la poudre érudite, momies ensevelies sur vos propres

cendres! Controversistes, annotateurs
et annotateurs des annotateurs! grands
hommes.... je vous évoque.... paraissez.... Les voilà!...

» Je savais bien que ma puissance in-
tellectuelle triompherait de leur sommeil, et que je parviendrais à réveiller
leurs fantômes. Je les ai vus tous ran-
gés en bataillons poudreux; in-folio,
in-quarto, in-douze, chargés des honneurs de leur siècle et de l'oubli des
siècles. Du sommet de chaque volume
s'échappait une tête, ou chauve, ou
chevelue, blonde, grise, chenue, char-
gée d'un mortier, d'un capuchon, d'un
froc; tous les costumes du monde étaient
là, devant moi, et mille voix criaient :
« Ma gloire, mon immortalité! moi!
moi! moi!

» — Qui vous ?

» — Nous sommes immortels ! je suis
immortel !

» — Je suis immortel !

» — Honneur à mon génie! gloire à
» ma plume ! que la postérité me vé-
» nère !

» — Vous parlez trop haut et trop
» vite. Attendez , chacun aura son
» tour. Que vos immortalités veuillent
» bien procéder par ordre. Çà, qui es-
» tu, toi?

» — Je suis *Jéróme Tolbius, Gretserus,*
» *Swertius, Magirus Bucholcerus, Mel-*

» *chior Adam*, *Jean Bullart*, le grand
» *Poccianti;* je suis *Jason Denores*,
» *Spizelius*, *Obert Gifanius*, *Chris-*
» *tophe Laudicus;* je suis *Bochius*,
» *Jean Rhodius*, *Pierre Scavenius*,
» *Flaccus Blondus* et *Balthazar Boni-*
» *face;* je suis le docte *Baudius*, et
» l'érudit *Gaspar Barthius* et l'admi-
» rable *père Goulu!*

» — Et tous immortels!

» — Immortels! immortels!

» — Si j'en connais pas un, je veux être pendu.

» — Quoi! tu ne savais pas que le
» *doux Bochius*, prince de la poé-
» sie, a mérité le titre de Virgile II,

» suivant *Valère André*, à la page 141

» de sa Bibliothèque Belgique! »

» Je fis signe que non : alors tous ces
grands hommes se mirent à crier à la
fois : « Haro sur l'ignorant! ne connais-
» tu pas non plus *Bernardin Ochin*,
» *Sixtinus Amama*, *Joachim West-*
» *phale?* La couronne de *Heshushius*
» et de *Schlupelbergius* est-elle flétrie
» à tes yeux? N'as-tu pas entendu par-
» ler de *Robert Holkot*, *Augustin Ni-*
» *plius*, le père *Terillus*, *Fruterius* et
» *Nevizan ?* Faudra-t-il te nommer
» *Jean Daurat*, *Blondel* l'universel,
» *Blondellus*, *Campanella* et le mi-
» raculeux *Jean Gayet*, et *Galeoltus*
» *Karisbergius di Hasni.*

» — Mais, non, Messieurs; non, de

» par tous les diables, personne au-
» jourd'hui ne se doute que vous ayez
» été.

» — Impossible, reprit vivement un
» in-folio ; je suis *Galeoltus Karisber-*
» *gius de Hasni.* Je suis vieux ; mais
» le génie n'a point d'âge. Le célèbre
» *Philippe Canonheri*, le grand *Olaüs*
» *Borrichius*, le spirituel *Paganinus*
» *Gaudrutius*, ne parlent que de moi
» dans leurs ouvrages.

» — Que leur destinée vous console ;
» on ne pense pas plus à eux qu'à
» vous.

» — Et moi, moi, le grand Blondel,
» qu'*Etienne de Courcelles* nomma un
» prodige de mémoire, un foudre d'é-

» loquence, l'esprit le plus pénétrant
» de l'univers ?

» — Et moi, l'une *des immortelles*
» *gloires du règne de Charles IX,*
» moi *Jean Daurat*, dont *Papyre Mas-*
» *son a fait l'éloge !*

» — Prodiges, merveilles , astres
» de votre temps , votre temps est
» passé.

» — Quant à moi, s'écria un gros doc-
» teur de Sorbonne, je ne crains rien
» de pareil. Ma gloire est écrite en ca-
» ractères célestes. J'ai imprimé contre
» les hérétiques la *Fournaise ardente*
» *pour évaporer les eaux de Siloë et*
» *corroborer le feu du purgatoire.* Vous
» reconnaissez le grand *Cayet*, l'oracle

» de toutes les langues, comme disait
» l'élégant *Antoine Delaval*, en son
» *Dessein des Professions nobles*, à la
» page 322. »

» Je me trouvais en face de tous ces
amours-propres furieux, auxquels je
répondais tour à tour : « Non, vous
» n'êtes pas immortels; vos contempo-
» rains ont eu beau vous flatter, vous
» êtes oubliés, très-oubliés; vous re-
» posez comme les rois d'Égypte dans
» leurs pyramides, au sein de quelques
» catalogues mortuaires que des savans
» infatigables ont préparés pour nous.
» Mais vous êtes pour le reste du monde
» comme si vous n'aviez pas existé.
» Vous avez beau secouer vos banniè-
» res, sur lesquelles je lis les régions qui
» vous ont vus naître. *Gamurrini, Pierre*

» *Betussi*, grands Italiens, l'univers ne
» s'embarrasse pas de vous.

» — Mais moi, *Stephano Guazzo!*

» — Inconnu! »

» Un petit homme bien paré s'approcha de moi d'un air pédant et écervelé
qui tenait du grammairien et du poëte.

« Je suis le Béni : eh bien! *la*
» *Crusca* se débat-elle encore? Ai–je
» assez convaincu ses académiciens
» d'ignorance? Le grand *Baillet* a eu
» tout-à-fait raison de me promettre
» une place dans l'avenir, comme au
» défenseur de la langue italienne. *To-*
» *masini* m'a aussi rendu justice, en
» disant que j'étais connu du monde

» entïer, ainsi que vous le verrez en
» son premier éloge, page ....

» — Bon Dieu ! l'ami, ne triomphez
» pas si fièrement; la *Crusca* est ou-
» bliée; votre nom l'est davantage...

» — *Per Bacco !* interrompit un
» cardinal petit-maître ! comment cela
» ne serait-il pas? il faut être comme
» moi, poëte et philosophe pour vivre
» toujours. Les ouvrages qu'on n'ou-
» blie pas , ce sont , par exemple,
» mes *Discours Azolains.* Vous savez
» qu'on en a fait cinq éditions; on
» n'a parlé que de mes livres, ils
» étaient dans le boudoir de toutes
» les femmes. Ah çà ! je vais les réim-
» primer; que vous semble de l'entre-
» prise?.... »

» .... Pour toute réponse je lui tour-
nai le dos, quand un autre s'approcha
de moi. C'était un gros homme, aux
sourcils épais et noirs, à la barbe grise,
que suivait un petit chien noir et
blanc.

« A ce petit chien seulement vous
» auriez dû me reconnaître ; l'uni-
» vers s'est occupé de mon chien.
» J'avais, de mon temps, la réputa-
» tion d'être un si grand homme ,
» qu'on voulait absolument que ce
» petit chien fût le diable. C'est ce
» que mon domestique Wyer, à qui
» j'appris le latin, a eu soin de con-
» signer dans ses Mémoires. S'il faut,
» après cela, vous décliner mon nom ,
» je suis *Cornelius Agrippa.*

» —Ah! oui; vous êtes ce fameux *Cor-*
» *nelius Agrippa* que l'on faillit brû-
» ler cinq ou six fois comme sorcier;
» auteur du traité de *Vanitate Scientia-*
» *rum ;* supérieur à votre siècle, et
» pourtant oublié du nôtre , comme
» tous ces messieurs.

» A ces mots, prononcés avec hu-
meur, le concile littéraire devint un
théâtre de tumulte.

» Apaisez-vous! apaisez-vous! N'a-
» vez-vous pas joui , pendant votre
» vie, de la renommée qui vous re-
» venait? la postérité est juste.

» — Ah ! ah ! ah ! s'écria un jeune
» homme , vêtu à la Louis XIV, et qui

» se barbouillait le nez de tabac; mes
» pauvres auteurs, il faudra que je
» mette en sonnets la gloire de vos
» mésaventures et les mésaventures de
» votre gloire : ce sera curieux !

» — Je te connais, beau masque :
» tu t'appelles *Benserade ;* si je m'en
» souviens , tu étais un bel es-
» prit.

» — Qui en douterait ? j'ai, comme
» l'a très-bien dit Perrault, ajouté un
» nouveau genre à la poésie antique,
» et Pélisson, en me décernant la
» palme immortelle que j'ai méritée,
» m'appelle *l'égal des anciens , sans*
» *être leur imitateur.* Eh bien ! mon
» cher ! mes rondeaux sont-ils tou-
» jours lus ? Que préférez-vous, de

» *Job* ou d'*Uranie?* Vous vous taisez ;
» je vois que vous êtes *uranien* : c'est
» cependant le parti du mauvais
» goût... Cette pédante duchesse de
» Longueville tenait aussi pour les
» *uraniens* contre le prince de Con-
» dé. »

(Ici , comme fatigué d'avoir conduit
pendant long-temps, dans une direc-
tion presque conforme aux lois de la
raison , le fil de sa pensée errante ,
notre ami a , tout-à-coup interrompu
sa prosopopée érudite , et dessiné ,
sur un feuillet blanc , plusieurs têtes
de docteurs environnées d'une au-
réole ; il a écrit ensuite au sommet
d'une page blanche , en caractères
d'une dimension énorme , le mot

GLOIRE

et continué à la page suivante.)

« Allons, défile devant moi, bon *Philippe Bérauld;* prouve-moi par témoins que tu as dépassé, en fait de génie, les facultés humaines, et cite, pour me convaincre, une phrase où Érasme, le Voltaire des théologiens, te donnait l'immortalité.

» Montre-toi, *Gaspard Barthuis*, suivi d'un immense tombereau chargé de livres et portant cette inscription de Bayle : « L'imagination est étonnée » du grand nombre de ses ouvrages. » Je ne sais si ceux qui blanchissent » dans la poudre d'un greffe ont écrit » autant que lui... » Et ces mots plus magnifiques encore de Scaliger : « *Il* » *est né un génie pour l'immortalité ;* » *c'est Bathuis.* »

» O mes amis, rions de l'immortalité de *Philippe Bérauld!* rions du su-
blime génie de *Bathuis* et de la pom-
peuse formule employée par le grammairien *della Scala.....*

Mais une bande d'écrivains anglais,
commandée par un nommé *Sackville*
et le grand *John Lily*, s'approche de
moi fièrement. *Sidney*, auteur de l'*Ar-
cadia*, sort des rangs pour aller donner
la main à l'auteur français de l'*Astrée*.
Tous deux également vantés de leur
temps, sont tombés dans une obscurité
semblable. Je vois passer devant moi
Jean Wallis, *Guillaume de Malmes-
bury*, *Cambrensis*, poëte, historien, sa-
vant et philologue; le fameux *Reboul*,
qui paya les pasquinades de sa vie et
qui fut décapité à Rome; *G. Bigot*, le
roi des philosophes; Théodore Gaza,

Jean Camerarius, *Joseph d'Exeter*, *Barclai*, si célèbre dans son temps, que les femmes même se disputaient la gloire d'avoir lu ses œuvres, et pourtant l'originalité, l'audace de sa pensée, n'ont pu le garantir de l'obscurité fatale où il est plongé. Foule illustre, vous êtes engloutie dans le même oubli : la littérature, comme l'Océan, a renouvelé mille fois ses vagues depuis votre mort !

. . . .

» Vont-ils me tuer ? Quelle fureur respire dans leurs regards ! J'aperçois dans un coin *Scioppius*, le chien de la grammaire, tout prêt à me lancer à la tête un de ces in-folio que l'infaillible pape Urbain VII décora d'un beau bref, *au roi des érudits*. Je vais essayer

10

les forces de mon éloquence, et tâcher
de calmer leur courroux.

» Messieurs, grands hommes, génies
sublimes, magnifiques écrivains, je
n'ai pas eu la pensée de rabaisser vos
sublimités. Loin de moi l'idée témé-
raire de récuser vos titres de gloire !
Je sais tout le mal que la plupart d'entre vous se sont donné pour atteindre
l'immortalité. *Castellan* que voici ne
buvait ni ne mangeait : il s'enveloppait
la tête d'une vieille couverture, dor-
mait trois heures, et se remettait au
travail. *Scioppius* a fait de même pendant plus de quarante années. Vous
avez tous construit, en votre honneur,
des pyramides de livres. Hélas ! je vous
cite des faits : ces monumens sont en
ruines : on ne lit plus même *Jean*

Bodin, homme d'esprit et d'érudition, que l'on a long-temps regardé comme un ange plutôt que comme un homme; encore moins le célèbre *John Lily*, le *Sans-Pareil* (*the Unparalleled*), ni *Siméon de Burham*, ni *Benoît de Saint-Pétersbourg*, ni *Jean Hanvil de Saint-Alban*....

» Le haro devient général...

» — C'est fort bien, reprit aigre-
» ment un poëte italien que je re-
» connus pour être le cavalier Marin;
» mais enfin, Monsieur, l'immortalité
» n'est pas une chimère. Indiquez-
» nous, vous qui vous montrez si
» difficile, les moyens de l'acquérir
» ou de la conquérir. Quoi! il ne reste
» plus un seul souvenir des écrivains
» des siècles passés?

» — Je te réponds à toi qui sembles parler raison. Eh bien ! sage rimeur, apprends que toutes les immortalités nuisibles ou inutiles aux hommes sont nulles. Venez pour apprendre à ces pédans ce que c'est que la véritable gloire : Grotius, restaurateur du droit politique ; Montaigne, observateur si vrai ; Dante, qui a stigmatisé dans ton Enfer les crimes d'un temps barbare ! vous, lumières du monde, à qui nous devons le sort moins affreux de nos enfans et de nos femmes ; génies qui avez dominé par la pensée, et laissé aux pédans le soin de la phrase et le choix de la citation ! Et vous, théologiens subtils, scolastiques armés d'argumens, immortels d'un jour, d'une heure, allez retombez dans le néant qui vous appartient !

» Attendez.... Qui êtes-vous , mon
» révérend père? sous cet habit de
» moine votre démarche a de la grâce;
» vous parlez en vous écoutant , mais
» votre voix est si douce......

» — J'aurais tort d'attacher beaucoup
» de prix à une célébrité acquise par
» trop de malheurs. Vous voyez en
» moi Pierre Abélard. Ma lutte avec
» Bernard, l'Europe attentive à ma
» gloire, mon explication sur le mys-
» tère de la Trinité, l'explication qui
» la suivit ; toute ma vie est trop
» connue pour que je vous en entre-
» tienne.

» — Abélard ! toi que l'amour d'Hé-
» loïse a rendu célèbre à jamais ! Amant
» malheureux ! que je te presse sur

» mon cœur : tes seules amours font
» ta gloire. Viens me dire combien
» elle t'aimait, combien tu l'aimais....
» Comme moi.... »

(*Ici se termine le manuscrit ; les traces des larmes d'Anatole en ont effacé les derniers mots.*)

✛✛✛✛✛✛✛✛✛✛✛✛✛✛✛✛✛✛✛✛✛✛✛✛✛✛✛✛✛✛✛✛✛✛✛✛✛

LETTRE XCIV.

✻

LE MÊME AU MÊME.

Des Bruyères, ... 1787.

SUITE DES MÉMOIRES D'UN FOU.

A mesure que mon malheureux ami traçait ces pensées, tantôt empreintes d'une folie complète, tantôt de cette espèce de délire que l'on pourrait nommer la démence de la raison, il avait soin de disperser les fragmens de papier sur lesquels il avait écrit. Il

s'aperçut un jour que je me baissais
pour ramasser un de ces morceaux,
qu'il avait jeté avec dédain; il m'ar-
racha ce papier qu'il mit en pièces :
« Cela ne vaut rien, me dit-il, ce dé-
» but est indigne de la cause que je
» défends; c'est au jury de l'humanité,
» c'est aux législateurs de toutes les
» nations que je m'adresse. »

Alors, prenant une attitude grave,
debout, au milieu de la chambre, la
voix forte et accentuée, il me dicta ce
que je vous transcris.

« Magistrats, vous voilà rassemblés
dans cette enceinte pour me juger.
Vous m'accusez d'un crime; je me dé-
fendrai, j'invoquerai la nature, et,
d'un pôle à l'autre, je ferai retentir sa

voix terrible.... Je l'aimais, j'en étais aimé; c'est à ce titre·que nous avons reçu l'existence; telle était notre desti-née, nous l'avons remplie.

» Magistrats de tous les temps, bour-reaux de tous les siècles, qui vous a donné le droit de l'arracher de mes bras? Pour-quoi venez-vous jeter vos sceptres et vos tortures entre elle et moi?... Vous avez menti à votre conscience, vous avez outragé la nature; que sa malé-diction retombe sur vos têtes!!!... Or-donnez seulement qu'elle paraisse, et vos yeux verseront des larmes de fer... Vous m'opposez les liens du sang!... Eh bien! oui... c'est mon épouse, c'est ma sœur!... J'unis, dans mes sentimens, tout ce que la tendresse fraternelle a de plus pur, tout ce que l'amour a de.

plus ardent... — La mort à l'amant in-
cestueux ! la mort au séducteur de
l'innocence !... Le ciel le condamne, la
société l'accuse, et la loi le punit.... —
Vos lois, votre honneur, votre justice...
toutes jongleries de fripon... Hommes
justes et sensibles, vous ne voulez que
mon sang? hâtez-vous, ouvrez mes
veines, désaltérez la soif qui vous dévore !... Après tout, le monde, la vie,
la douleur, le plaisir, la mort, qu'est-
ce ?... Le coupable , c'est Dieu ! et
son crime est d'avoir fait éclore le
monde... On veut que je t'adore, toi
qui créas les hommes pour se tourmen-
ter, pour se haïr... toi qui laisses le
crime en paix et persécutes l'innocence... on veut que je t'adore !... Je ne
suis pas ingrat, mais quel bienfait ai-je
reçu de toi? l'existence... qui te l'a de-

mandée ?... qui t'a dit que j'en vou-
lusse... Le patient sûr la roue a-t-il
choisi son supplice?... Tiens, voilà le
cas que je fais de ton présent... »

(En prononçant ces mots, l'infortuné s'armait de tout ce qu'il trouvait
sous sa main, et se serait tué cent fois
si je n'avais surveillé tous ses mouvemens. Devenu plus tranquille, il me
regarda quelques momens en silence,
et voyant que je pleurais....)

« Tu pleures aussi, tout le monde
pleure... Chut,... écoute... entends-tu
les plaintes du monstre ?... c'est l'univers... « Je me dévore, je vis de mes
ruines, je me nourris de ma destruction. » De quoi te plains-tu? C'est ton
existence que la mort... ton état per-

manent; celui vers lequel tendent toutes
choses; c'est le néant; seul il est réel,
seul il est durable... Ne vois-tu pas que
la vie est un état contre nature... Taisez-
vous; donnez-moi le bonnet de docteur, car je parle aux philosophes... »

A ces déclamations effrénées succé-
daient les éclats d'une joie plus ef-
frayante : il riait, il chantait; et tout-à-
coup se croyant transporté au fond des
Indes, il voulait aller à la pagode où
l'attendait Laméa.

J'ai observé que c'est le seul nom
propre dont il se soit souvenu jusqu'à
ce moment. Le docteur à qui j'ai fait
part de cette remarque, pense que le
nom de Cécile, que j'ai toujours évité
de prononcer devant lui, pourrait pro-

duire, dans ses idées, une révolution
salutaire ; je ne le crois pas.... j'essaie-
rai pourtant.

Croirez-vous, mon cher Victor, que
je me reproche quelquefois les vœux
que je forme pour la guérison d'un
ami si tendrement aimé. Quand je
songe à quel supplice le rendrait le retour de sa raison, hélas ! j'aurais à lui
rendre compte d'un nouveau malheur ;
son vieux père a cessé de vivre ; madame de Neuville vient de m'en donner la triste nouvelle.

✧✦✧✦✧✦✧✦✧✦✧✦✧✦✧✦✧✦✧✦✧✦✧✦✧✦✧✦✧✦✧✦✧✦✧✦

LETTRE XCV.

❋

LE MÊME AU MÊME.

Des Bruyères, ... 1787.

SUITE DES MÉMOIRES D'UN FOU.

L'ESSAI que j'ai tenté n'a pas été in-
fructueux, mais je tremble qu'il n'ait
produit un effet contraire à celui que
les médecins en espéraient : le nom de
Cécile, prononcé par moi dans un moment où Anatole gémissait de l'avoir
oublié, en ramenant sur un seul objet

toutes ses idées en désordre, leur
a donné ce caractère de fixité qui
constitue la plus dangereuse des folies.
Depuis ce moment, plus de fureur,
plus de cris, plus de larmes; il a re-
trouvé le nom de Cécile; elle lui est
rendue; il la voit; il cause avec elle;
il écoute, et donne ensuite la réplique
à des réponses imaginaires. Il s'est re-
mis à écrire, et lui-même a tracé les
bulletins de sa maladie dans les nouveaux fragmens que je vous envoie.

« Cécile! Cécile! Cécile !... nous voilà
donc réunis..... Comment auraient-ils
pu s'y opposer; n'avons-nous pas les
ailes des anges?... tu en avais déjà la
grâce et la beauté.... C'est toi ! c'est
encore toi.... ah ! oui, c'est toujours
toi; pose ta main sur mon cou; enlace

moi plus fortement, et prenons notre
essor.... Quelle gloire ! quelle extase !...

» Tu as raison, Cécile.... il faut l'instruire de notre bonheur.... mais comment s'appelle-t-il ? N'importe, je me
souviens que je l'aimais.... tu mettras
l'adresse.

» Reviens vite, mon cher ami ; c'est
demain ; je l'ai vue ;... elle m'a dit oui ;
Cécile, entends-tu bien ? Cécile était
au-dessus de moi... là, du côté de cette
fenêtre d'où l'on découvre les bords
rians et funestes de la Loire ; son corps,
plus léger que l'iris, plus suave que la
rose.... elle m'arrête ; son doigt placé
sur la bouche, elle me recommande
le silence.... mais pourquoi le silence ?
tu sais tout, l'univers sait tout.... Ac-

cours, l'autel est paré;... tu tiendras
toi-même sur la tête de la jeune fiancée
le voile de plomb.... Je dois t'en prévenir, je crains un grand tumulte;....
tandis que nous serons au temple, si le
tonnerre allait tomber.... quel sujet de
rire !... l'église en ruines, le prêtre
renversé, Cécile mourante.... Cécile !
Cécile !... ils l'ont tuée... qui l'a tuée ?...

Et neque jam color est mixto candore rubori.

(Ces bizarres, ces épouvantables paroles qu'il m'adressait, furent suivies
de la citation suivante d'un ouvrage
sur le tremblement de terre de Catane,
par Rezzonico, qu'Anatole avait copiée
tout entière.)

» On plaindra toujours ces malheu-

reux amans; ils devaient se marier le
lendemain; mais à l'aurore de ce jour
qui devait précéder celui de leur bonheur, l'inondation qui annonça le tremblement de terre, commence; l'habitation de la fiancée, de la belle Casima,
est menacée par les vagues. Properce
accourt, saisit celle qu'il aime, et veut
la sauver. Chargé de son précieux fardeau, il essaie de le déposer sur une
barque voisine du rivage; mais au
même instant tout s'ébranle; la terre
s'élève, et jette les deux amans réunis
sur un des rescifs de Scylla. Properce
a couvert, a garanti par la force de ses
étreintes, le corps de celle qu'il aime :
elle vit; elle le regarde; elle couvre
son visage de larmes et de baisers....
Non, il est mort; plus d'espoir; ses
bras si faibles entraînent vers le bord

de l'abime les tristes restes de tout ce
qu'elle aimait; elle les tient pressés
contre sa poitrine, s'élance et s'en-
gloutit avec eux dans l'abîme. »

A la suite de cette citation, une foule
d'idées incohérentes, où les noms de
Cécile et de Casima se trouvaient sans
cesse confondus, s'agitaient sans liai-
son, et attestaient trop visiblement que
la puissance de son unique pensée ne
servait qu'à précipiter la ruine entière
de sa raison.

Anatole avait écrit par *post-scriptum*
au bas de cette lettre :

« Prends-moi dans tes bras, Casima; serre-moi sur ton sein... Entends-

tu la vague qui gronde? elle mouillera
tes habits de noces. Ne crains rien,
Cécile, du courage; je suis plus fort
que la tempête. »

'Vous croyez', mon cher frère, qu'un
voyage à pied en Suisse, ou dans les
Pyrénées, pourrait avoir une heureuse
influence sur la santé d'Anatole, et
qu'une grande fatigue de corps pourrait ramener le calme dans son ame;
j'y avais pensé moi-même; mais depuis,
j'ai acquis la malheureuse conviction
que le moindre déplacement le rendrait furieux, et qu'il a besoin de la
présence des objets matériels qui l'en-
tourent pour ne pas se livrer à des transports frénétiques dont sa mort serait in-
failliblement la suite. Je n'attends plus

rien que du temps, de mes soins, et peut-être même des derniers excès de la passion funeste qui a bouleversé son être.

LETTRE XCVI.

LE MÊME AU MÊME.

Des Bruyères, 1787.

QUELLE scène horrible, mon cher Victor, et, dans l'accablement où je suis, comment vous rendre compte d'un événement fatal que toute la prudence humaine ne pouvait prévoir et qui met en ce moment la vie d'Anatole dans le plus grand danger !

Avant–hier, plus calme que je ne l'avais vu depuis long – temps, il s'était couché de bonne heure ; on avait placé sur sa table une écritoire, des plumes, du papier ; il y avait tracé des phrases plus incohérentes, plus inintelligibles que jamais.... trois fois j'étais entré dans sa chambre : ses paroles n'avaient plus aucun sens distinct, il me sembla seulement que les mots *mariage*, *bonheur*, *fiançailles*, s'y représentaient plus fréquemment que de coutume, sans pourtant se rattacher à aucune idée suivie.

J'avais reçu le matin une lettre de madame de Neuville qui m'annonçait la prise d'habit de sa nièce. Instruite de la demence d'Anatole, elle avait abrégé le temps de son noviciat et ob–

tenu une dispense d'âge pour prononcer ses vœux : madame de Neuville me prévenait qu'elle se rendrait le lendemain à Blois pour assister à cette triste cérémonie, où elle devait pour la dernière fois tenir lieu de mère à la pauvre Cécile. Elle ne croyait pas avoir besoin de me recommander le secret avec son malheureux frère : on l'avait également caché à sa jeune amie, mademoiselle d'Amercour, qui avait tenté plusieurs fois d'aller rejoindre Cécile au couvent.

Après avoir passé une grande partie de la nuit dans les plus cruelles réflexions, j'avais succombé à la fatigue morale et physique de cette journée, et vers quatre heures du matin je m'étais profondément endormi.

Je suis éveillé par le bruit que fait
Lambert en entrant violemment chez
moi et en criant : *M. Anatole est parti !*
M. Anatole s'est sauvé !... Je me précipite dans sa chambre ; la fenêtre qui
donne sur la forêt est ouverte , et un
bout de corde qui tient encore au bal-
con ne me laisse point de doute qu'il
n'ait pris ce chemin pour s'évader....
Qu'est-il devenu ? où le chercher ? Tandis que j'envoie Lambert prendre des
informations au-dehors, je visite sa
chambre, et en jetant les yeux sur sa
table, je lis ces mots écrits avec beaucoup de recherche, sur une feuille de
papier à tranche dorée. : « Le voilà
donc arrivé ce jour de bonheur suprême.... Cécile est parée de sa robe
nuptiale, ses yeux s'élèvent doucement
vers les miens, et la félicité des anges

12

vient inonder mon cœur.... Elle m'attend à l'autel pour me proclamer à la
face du ciel le plus heureux des hommes.... l'encens fume.... le prêtre en-
tonne l'hymne sacrée.... encore un moment, un seul moment, je pourrai dire
à toute la terre : *Elle m'appartient*..,
Entendez-vous le son des cloches? c'est
moi qu'elles appellent.... »

Il s'était interrompu à cet endroit,
et tous ses vêtemens en désordre, jetés
au milieu de sa chambre, annonçaient
qu'il s'était revêtu à la hâte de ses plus
beaux habits.

Lambert revient; son maître a été vu
près du grand étang par un des ber-
gers de la ferme à qui il a demandé le
chemin de...; il est paré comme pour

une fête, il a un bouquet de bruyères
au côté ; le berger n'ayant pas voulu
quitter son troupeau pour le suivre, il
a repris sa course en se guidant sur le
bruit des cloches qui sonnaient encore...

En rapprochant ces circonstances des
dernières lignes qu'il avait tracées, je
ne doutai plus qu'un inconcevable ins-
tinct n'eût dirigé ses pas vers les lieux
où Cécile devait ce jour même consom-
mer son sacrifice. Je monte à cheval
et je vole après lui ; j'arrive à la porte
de l'église du couvent, où j'ai beaucoup
de peine à pénétrer à travers la foule
qui s'y trouve rassemblée. Je parviens
cependant jusque dans l'enceinte du
chœur réservée aux parens, et j'y trouve
madame de Neuville à qui je fais
part de mes vives inquiétudes. Depuis

près de deux heures qu'elle est dans ce lieu, elle n'a rien vu, et sans doute le malheureux Anatole, appelé par le son des cloches, est entré dans l'église de la paroisse. J'en avais eu l'idée, et j'avais chargé Lambert d'aller y prendre des informations, et de venir me rendre compte au couvent de ce qu'il pourrait apprendre.

Cependant la funèbre cérémonie était commencée ; les prières préparatoire achevées, la porte intérieure du couvent s'ouvre, et Cécile, belle de la beauté des anges et parée de ses vêtemens de ville, entre conduite par l'abbesse et le prélat qui allait recevoir ses vœux : elle s'était approchée de sa tante, et lui demandait, pour se conformer aux rites, la permission de se séparer à jamais du monde... Tout-à-coup un jeune homme s'élance dans l'église, renverse tout sur son passage, et avant que personne ait eu le temps de s'opposer à son action impétueuse, il entre dans le choeur, qu'il fait retentir de cris de joie à la vue de Cécile, vers laquelle il se précipite, et qu'il porte mourante sur les degrés de l'autel.

Comment vous peindre le trouble, la confusion répandus dans le sanctuaire ? Les religieuses s'enfuient épouvantées ; les prêtres invoquent la vengeance du ciel et de la terre contre l'impie, et je n'arrête un moment la fureur populaire qu'en montant sur ma chaise, et en criant de toutes mes forces : « C'est Anatole de Césane ; c'est l'oncle de la novice... Il a perdu la raison... » En disant ces mots je cours à

lui, et je veux l'entraîner hors de l'é-
glise; mais l'infortuné, qui ne me reconnaît pas, laisse tomber Cécile évanouie sur le marbre. qu'elle ensan-
glante, et se saisissant d'un chandelier
sur l'autel, vient pour m'en frapper; je
détourne le coup, je le saisis dans mes
bras. Aidé de quelques habitans et de
Lambert qui m'a rejoint, je veux l'arracher du lieu saint; mais sa fureur re-
double lorsqu'il s'aperçoit que les prêtres qui ont relevé Cécile la transpor-
tent dans l'intérieur du couvent, où ils
se renferment avec elle. Une sorte de
douleur frénétique s'empare d'Anatole:
accablé par le nombre, il brave, il
blesse, il renverse tout ce qui l'en-
toure, et je ne suis plus occupé qu'à le
soustraire à la vengeance de la foule
d'ennemis qu'il a si cruellement provo-

quée. Je détourne une partie des coups qui lui sont destinés, mais je ne puis empêcher qu'il ne soit atteint : son sang coule à grands flots; il tombe... La colère des assaillans se change en pitié, et ceux même qu'il avait blessés m'offrent leur secours pour le transporter aux Bruyères sur un brancard que l'on fabrique à la hâte.

Depuis cet affreux événement, le malheureux, couvert de blessures profondes, n'a point encore repris ses sens. Je ne puis croire que de tant de coups il ne s'en trouve pas un mortel; c'est cependant l'avis des hommes de l'art, et particulièrement d'un des plus habiles chirurgiens de France qui a mis le premier appareil sur ses blessures.

Vous ne serez pas surpris, mon cher Victor, que je n'accompagne mes dernières lettres d'aucune réflexion ; il est des maux qu'il suffit de raconter pour les faire partager à ceux qui nous aiment.

✦✦✦✦✦✦✦✦✦✦✦✦✦✦✦✦✦✦✦✦✦✦✦✦✦✦✦✦✦✦✦✦✦✦

LETTRE XCVII.

❋

MADAME DE NEUVILLE A CHARLES D'ÉPIVAL.

Montfleury,..... 1787.

JE reviens du couvent où je n'ai pu
obtenir la permission de voir ma nièce,
quelque démarche que j'aie faite auprès de l'évêque : j'ai voulu faire valoir
comme un droit, que la cérémonie de
la prise de voile n'ayant pas été ache-
vée, Cécile n'était que novice, et qu'en
cette qualité elle pouvait encore ré-

T. IV. 13

clamer les soins d'une mère; on n'a
point eu égard à mes vives sollicitations, et j'ai dû me borner à des confé-
rences au parloir avec l'abbesse qui,
en me rassurant hier sur la santé de
cette malheureuse enfant, m'a déclaré
qu'elle avait ce jour même pris l'habit
de professe, et que dorénavant toute
communication à l'intérieur lui était
interdite. Il paraît qu'elle n'a été que
très-légèrement blessée dans sa chute à
l'église, et que l'état où elle a vu Anatole, loin d'ébranler sa résolution, l'a
déterminée à se séparer pour jamais
d'un monde où elle venait de voir s'é-
teindre la dernière lueur de l'espérance qui l'y attachait peut-être encore.

Comment un pareil spectacle n'au-

rait-il pas produit sur elle l'effet qu'il
a produit sur moi-même ? Accablée
comme elle sous le poids de tant de
malheurs, non, mon cher Charles, je
ne balancerais pas à suivre son exemple, si je ne tenais encore au monde
par les sentimens que vous m'inspirez
et dont vous êtes si digne.

Votre messager d'hier semble me
préparer à la perte de mon frère. Hélas! elle est consommée et j'ai déjà
pleuré sa mort.

✛✛✛✛✛✛✛✛✛✛✛✛✛✛✛✛✛✛✛✛✛✛✛✛✛✛✛✛✛✛✛✛✛✛

LETTRE XCVIII.

✳

CHARLES A MADAME DE NEUVILLE

Des Bruyères, ... 1787.

ACCOUREZ, ma tendre amie, pour être témoin d'un miracle.... Anatole a recouvré la raison.... Depuis deux jours j'en ai acquis la preuve, mais j'aurais craint en vous en prévenant plus tôt, de vous donner une fausse joie que sa présence aurait pu détruire... Venez, il vous attend, et c'est lui qui trace les derniers mots de ce billet....

« Viens, ma chère Émilie, viens encore une fois méler tes larmes à celles
de ton malheureux frère. »

✦✦✦✦✦✦✦✦✦✦✦✦✦✦✦✦✦✦✦✦✦✦✦✦✦✦✦✦✦✦✦✦✦✦✦

LETTRE XCIX.

✺

CHARLES A VICTOR.

Des Bruyères, ... 1787.

Qui m'eût dit, mon cher Victor, lorsque je fermais ma dernière lettre, où
je vous rends compte d'un événement
dont il me semblait impossible que la
mort d'Anatole ne fût pas la suite; qui
m'eût dit que j'aurais à vous annoncer
vingt jours après, non - seulement la

guérison de son corps, mais le retour de sa raison. Je ne cherche pas plus à m'expliquer dans cette circonstance l'excès de ma joie, que le prodige dont je viens d'être témoin : ce qui devait le tuer a conservé ses jours ; ce qui devait éterniser sa folie, lui a rendu son bon sens : ce sont des faits inconcevables, dont je suis heureusement forcé de reconnaître l'évidence.

Les coups les plus dangereux qu'Anatole ait reçus dans l'effroyable tumulte qu'il avait excité, avaient porté sur la tête; la saignée fut le seul remède que l'habile docteur Marcel jugea à propos d'employer, mais il le réitéra si souvent, que pendant trois jours le malade épuisé n'a donné d'autre signe de vie, qu'une faible respiration que je

croyais toujours au moment de s'é-
teindre : une semaine entière s'était
passée dans cette espèce de léthargie,
pendant laquelle j'avais cependant observé que sa respiration s'élevait insen-
siblement, et que les yeux du mourant
s'étaient plusieurs fois entr'ouverts.

Jeudi matin je m'étais assoupi sur
une chaise longue, auprès de son
lit, et je tenais ma main dans la
sienne : je sens qu'il la presse, je
m'éveille en sursaut : jugez de mon
étonnement, ou plutôt de mon effroi;
Anatole avait soulevé sa tête, et ses
yeux étaient fixés sur moi avec l'expression la plus vraie du sentiment qu'il
devait éprouver.

« Mon ami, me reconnais-tu ? lui

dis-je en le pressant dans mes bras.

— Oui, Charles, répondit-il, et
cette question me prouve que ce n'est
point un long rêve que je viens d'a-
chever. »

Le docteur entra au moment même
et parut moins surpris que je ne l'a-
vais été, de ce que j'appelais le miracle
de son art.

« Je n'ai d'autre mérite, dit-il, que
d'avoir mis la nature aux prises avec
elle-même, et d'avoir profité de l'occasion pour éloigner le sang du cerveau où il portait le ravage ; mais,
ajouta-t-il plus bas, ne nous pressons
pas de chanter victoire, et faisons en

sorte que notre cher malade ne meure
pas guéri...»

Puis s'adressant à Anatole qui voulait
déjà multiplier les questions :

« Vous ne saurez rien, vous ne devez
rien savoir, lui dit-il, sinon que vous
avez été dangereusement malade de
corps et d'ame, et que vous avez besoin de rentrer très-doucement à la
vie, si vous ne voulez tomber au premier pas. »

Il fut donc convenu avec lui-même
qu'il n'essaierait l'emploi de ses facultés
intellectuelles, qu'à mesure qu'il ren-
trerait en possession de ses forces phy-
siques :

« Songez, ajouta le docteur, que je

prescris pour quelques jours encore la
diète et le silence absolus, et que c'est
vous, M. Charles, qui répondez de sa
soumission à ce régime. »

Le docteur m'avait inspiré tant de
confiance, que je suivis son ordonnance
de point en point, et que je passai quarante huit–heures au pied du lit d'A-
natole, sans répondre autrement que
par signe aux questions toujours plus
raisonnables qu'il m'adressait. Depuis
hier, j'ai obtenu la permission de m'assurer, dans un court entretien en présence du docteur et de madame de
Neuville , que la guérison d'Anatole
était complète. Ce qu'il y a de plus in—
compréhensible dans le mystère physio-
logique de sa résurrection, c'est qu'à
l'exception de la scène du couvent,

nous l'avons trouvé instruit de tous les
événemens qu'il n'a pu apprendre que
pendant sa démence : il sait que son
père est mort, que Cécile est religieuse,
et que la connaissance de l'état où il
était réduit a pu seule la déterminer à
mettre entre eux une barrière éternelle.

S'il est vrai, comme il le dit, qu'il
ait été rappelé à la vie et à la raison
par le besoin de sentir tout son malheur, sa convalescence sera longue et
la raison qu'il a recouvrée ne sera désormais pour lui que la conscience de
ses maux.

✤✤✤✤✤✤✤✤✤✤✤✤✤✤✤✤✤✤✤✤✤✤✤✤✤✤✤✤✤✤✤

LETTRE C.

✺

LE MÊME AU MÊME.

Des Bruyères, le .....

LA noire mélancolie dans laquelle Anatole est tombée est si loin d'être, comme vous paraissez le croire, mon cher Victor, la conséquence ou la continuation de la maladie mentale qu'il a éprouvée, qu'elle est produite, au contraire, par l'effort de sa raison qui n'ad-

met aucune des illusions de l'espérance;
il touche à peine à sa trentième année,
et les jours si nombreux dont la nature
le menace encore ne lui présentent
que l'image prolongée de la fatigue et
du désespoir.

J'essaie quelquefois de le réconcilier
avec sa destinée, et de lui prouver contre ma propre conviction qu'il n'est
point d'éternelles douleurs; il m'arriva
d'invoquer à ce sujet le précepte et
l'exemple de Sénèque, du philosophe
qu'il préfère à tous les autres :

« Je vois bien, me répondit-il, que Sénèque a consolé ses disciples et ses va-
lets, mais je ne vois personne qui ait
consolé Sénèque. » Quand je veux lui

montrer le temps, comme un infaillible consolateur :

« Aussi tu vois que j'attends, me dit-il, avec un calme dont je puis seul apprécier la violence. »

Il a lu la dernière lettre que vous m'avez écrite, dans laquelle vous insistez sur la nécessité de mon voyage à Rennes.

« Je sais trop bien, me dit-il, quels obstacles se sont opposés jusqu'ici à ton départ; mais ils n'existent plus, et tu peux te séparer de moi sans inquiétude, pendant quelques jours.

» — Je serais plus tranquille et plus
heureux, lui répondis-je, si tu consen-
tais à m'accompagner....

» — Tu vois, reprit-il en me condui-
sant sur la partie la plus relevée de
la terrasse où nous nous prome-
nions; tu vois à l'horizon cette pointe
de clocher qui s'élève au-dessus des
arbres; c'est là qu'elle habite, c'est
là que je l'ai condamnée à pleurer et à
mourir.... Aucune puissance de la terre,
pas même l'amitié, ne pourrait me déterminer à mettre entre ce couvent et
moi une distance que mon œil ne pourrait franchir : cette vue est un supplice intolérable, mais ce supplice est
une nécessité de mon existence, et je
n'ai qu'un moyen de m'y soustraire. »

L'expression qu'il mit à ces derniers mots me révélait suffisamment
sa pensée; j'en pris occasion de lui
exprimer mon refus de le quitter
dans la disposition d'esprit où je le
voyais.

« Pars sans crainte, mon cher Charles, me dit-il en me serrant affec-
tueusement la main; si je ne parviens
pas à triompher de ce dégoût de la
vie, contre lequel mon amitié lutte
avec tant de courage, je te renouvelle
aujourd'hui l'assurance de ne dispo-
ser de ma vie qu'avec ton consentement; j'instruirai mon procès, ajouta-t-
il avec un sourire douloureux, et tu
prononceras l'arrêt. »

J'ai reçu sa parole et j'y compte; dans
14

trois jours je serai près de vous ; faites
en sorte, je vous prie, mon cher Victor, que je puisse être de retour ici le
1er ou le 2 du mois prochain.

✦✦✦✦✦✦✦✦✦✦✦✦✦✦✦✦✦✦✦✦✦✦✦✦✦✦✦✦✦

LETTRE CI.

✱

ANATOLE A CHARLES.

Des Bruyères, le .... 1787.

Je t'ai promis, Charles, de te rendre un compte, fidèle de mes sentimens, ou plutôt, de mes sensations pendant ton absence; je t'ai promis d'employer tout ce qui me reste de force et de courage, sinon pour réédifier ma vie, du moins pour en étayer les ruines.

Eh bien ! je suis découragé par mes premiers efforts ; que puis-je attendre de moi ? l'amitié est à charge à mon cœur ; le croiras-tu ? je t'ai vu partir avec une odieuse joie !... J'ai souri à l'idée de notre séparation ?... j'allais être seul. Mon ami, la mesure est comblée.... je n'y puis plus tenir ; ne crains rien, je tiendrai mes sermens, mais je forcerai ta pitié à me les rendre ; il te suffira de me revoir : si je rencontre mon image, je me fais horreur ; je ne suis qu'un débris, qu'un fantôme ; mes yeux, brûlés par les larmes, se refusent à la lumière comme au repos ; mes traits sont défigurés ; ma voix n'articule que des accens confus : toute pensée, tout sentiment est éteint en moi, excepté cette pensée unique, ce

sentiment inaltérable, impérieux,
qui me répète à chaque pulsation de
mon cœur : Anatole, il est temps de
mourir.

Le jour, enfermé dans la chambre
qui fut un moment la *sienne*, immobile devant son portrait, je nourris
mon désespoir du souvenir de mon
bonheur. La nuit j'erre dans la forêt ;
j'approche de ces murs de fer qu'elle
habite ; j'en parcours en frémissant
l'étendue, et je suis prêt à briser ma
tête contre ces pierres moins inexora-
bles que ma destinée.

C'est à toi, mon cher Charles, à toi,
le plus vertueux des hommes et le meil-
leur des amis, de décider si je dois

continuer à traîner mes jours au milieu des plus affreuses tortures, ou s'il ne
doit pas m'être permis d'en rejeter l'intolérable fardeau.

✦✦✦✦✦✦✦✦✦✦✦✦✦✦✦✦✦✦✦✦✦✦✦✦✦✦✦✦✦✦

LETTRE CII.

✳

CHARLES A ANATOLE.

De Rennes, le .....

Tu me connais, tu n'attends pas de moi des conseils pusillanimes ou inté-ressés. Quand la vie est sans espérance, il faut en sortir ; quand nous ne pou-vons accorder l'existence et la vertu, c'est dans la mort qu'il faut chercher un asile. Tu sais si je marchandai tes jours lorsqu'il s'agissait de prévenir une faute dont je prévoyais les suites :

les droits de l'infortune ne sont pas
moins incontestables que ceux de l'honneur.

Loin donc de chercher à te détour-
ner du projet que tu médites, par ces
lieux communs d'une vaine morale
dont l'homme heureux peut seul être
dupe, je prêterai l'oreille à tes discours ; tu me prouveras, d'une manière plausible, que tu ne peux désormais prétendre à aucun plaisir, à aucun repos sur la terre, que cette existence qui te pèse n'est utile à personne, que la société n'a aucun compte
à te demander de l'action que tu vas
commettre, qu'aucun autre enfin n'a
de droit sur la vie dont tu disposes : je
te répondrai avec bonne foi ; tu m'é-
couteras avec attention, et je te laisse-

rai le maître de prononcer dans ta propre cause; mais songe que tu n'as pas encore abordé la question, et que tu as besoin de recueillir tes idées. Ta lettre est celle d'un homme ordinaire, qui succombe dans le malheur; j'attends celle d'un sage qui lutte jusqu'au dernier moment. Jusqu'à présent tu ne ressembles encore qu'à cet habitant de l'Ohio, qui, voyant se coucher le soleil, s'imagine que l'astre du jour ne reparaîtra jamais. Je te demande des pensées plus graves, des raisonnemens plus sévères, cette force et cette évidence de preuves qui doivent précéder et déterminer une pareille action. Meurs s'il le faut; mais que ta mort soit celle d'un homme : discutons-en froidement la nécessité; quelques doutes s'élèvent encore dans mon esprit

ou peut-être dans mon cœur; détruis-
les, et justifie, aux yeux de la sagesse
même, le parti que tu prendras alors,
et dont tant d'hommes vertueux ont
laissé de mémorables exemples.

Au nombre des raisons qui pourraient te retenir à la vie, je te permets
de ne compter pour rien le plus ancien
serment de notre amitié, celui de ne
pas survivre l'un à l'autre; dans la
circonstance actuelle il n'engage que
moi, et je ne t'en parle ici que parce
que tu parais l'avoir oublié dans la
dernière phrase de ta lettre. Songe,
Anatole, à respecter les droits de l'amitié comme je respecte ceux de l'amour.

+++++++++++++++++++++++++++++++++++++++

LETTRE CIII.

✻

ANATOLE A CHARLES.

Aux Bruyères, ... 1787.

RAISONNONS puisque tu le veux; ne laissons pas croire au monde et peut-être à toi-même qu'un retour de démence ait marqué la dernière action de ma vie. Dans l'appréciation des motifs qui me déterminent, je veux même écarter pour un moment une pensée désespérante contre laquelle

viendraient trop aisément se briser tous
les principes de la sagesse et tous les
argumens de la philosophie. Je ne
prononcerai pas le nom de Cécile ;
j'envisagerai sa perte comme un arrêt
du sort, auquel je me résigne, et dont
je dois subir les conséquences. C'est de
sang-froid qne j'embrasse la détermi-
nation de ne plus être ; c'est avec calme
que je veux en discuter avec toi les
motifs.

Tu pourrais être tenté, ne fût-ce
que pour gagner du temps, de reprendre *ab ovo* la question générale du
suicide, et de te servir contre moi,
dans cette discussion, des armes prises
dans l'arsenal de Jean-Jacques : c'est
un soin que je veux t'épargner, en te
citant mot pour mot la lettre d'un au-

teur de ta connaissance qui m'écrivait aux Indes, il y a quelques années :

« Je suis de ton avis ; Saint-Preux a mille fois raison contre lord Édouard, et il s'en faut de beaucoup qu'il ait épuisé tous les argumens favorables à l'opinion qu'il défend.

» Mourir plus tôt ou plus tard n'est rien ; bien ou mal mourir, voilà la chose importante : bien mourir, c'est se soustraire au danger de vivre mal ; car la fortune et les passions qui peuvent tout sur l'homme qui existe encore, ne peuvent rien sur celui qui sait mourir à temps.... De quel droit se plaint-on de la vie ? c'est un spectacle *gratis* où l'on ne retient personne ; vous vous y plaisez, restez-y ; la pièce vous en-

nuie, sortez de la salle. Si c'est une
faiblesse de mourir parce qu'on souffre,
c'est une folie de vivre pour souffrir ;
plus nous vieillissons, plus nous tenons
à la vie ; nous sommes alors d'anciens
locataires familiarisés avec l'incommo-
dité de notre demeure ; nous sentons
que nous sommes mal, mais nous
craignons d'être pis. La frayeur du
moribond calomnie le ciel; est-ce
un bon père ou un tyran farouche
qui l'attend au retour de son péleri-
nage?

» En quoi la mort diffère-t-elle de la
vie ? La nature n'est qu'une succes-
sion continuelle de naissances et de
trépas : les corps composés se dissol-
vent : les corps dissous se recomposent ;
c'est dans ce cercle infini que s'ac-

complissent les travaux de l'éternel ar-
chitecte.

» Tout ce qu'on a dit pour l'inocula-
tion peut s'appliquer au suicide, avec
cette différence en faveur de ce dernier, qu'il n'est plus question de pro-
babilités, mais de certitude : il est possible que je n'aie jamais la petite-
vérole; mais il est bien certain que je
dois mourir; en obéissant un peu plus
tôt, un peu plus tard à cette nécessité,
je ne change rien à l'ordre irrévocablement établi, et je ne m'arroge d'autre droit que celui de choisir l'instant,
le lieu, le cas où je dois mourir.

» J'ai contracté une dette, il me con-
vient de m'acquitter avant l'expiration
du délai que j'ai obtenu. Mon créan-

cier peut-il me contraindre à rester
son débiteur? Que d'objections pué-
riles on entasse contre une proposition si simple !

» *Vous ne pouvez*, me dit-on , *dis-
poser d'une vie que vous ne vous
êtes pas donnée.*

» A ce compte, je ne puis invoquer
contre la maladie les secours de la méde-
cine ; car je ne me la suis pas donnée.

» *Vous vous révoltez contre les
puissances divines, et vous contrariez
les lois de la nature.*

» Si le principe qui m'anime est
indestructible , je n'échappe pas à la
puissance de Dieu en changeant de

forme; si mon être, par malheur, n'est
que le résultat d'une organisation for-
tuite et matérielle, j'exerce sur moi le
droit que l'homme a sur la matière,
celui de la modifier sans la détruire.

» *Vous vous devez à la société,
à votre famille.*

» Le contrat qui me lie à la société est un engagement volontaire;
quand je renonce à mes droits elle
perd sur moi les siens, et quant
aux obligations envers ma famille,
comme il est possible qu'elles entrent,
comme raisons déterminantes du parti
auquel je m'arrête, elles ne peuvent
avoir plus de poids pour le combattre
que pour le motiver.

» De longues réflexions, des lectu-

res approfondies doivent nous familia-
riser avec cet aspect du tombeau qui
effraie le vulgaire ; qu'a de terrible
l'idée de la mort? demande-le au plus
éloquent défenseur de l'humanité [1].
Rien : ce sont les pompes de la mort
qui nous ébranlent; tous les jours nous
mourons; chaque soir amène la nuit
et nous enlève une portion de notre
existence, que notre orgueil croit nécessaire à celle du monde.«Où que votre
dernier jour finit, dit Montaigne, elle y
est toute; ce dernier jour ne confère
pas plus la mort que ne font les
autres jours; le dernier pas ne fait pas
la lassitude, il la déclare. »

Voilà, mon ami, ce que tu pensais, ce

[1] J.-J. Rousseau.

que tu écrivais, aux plus beaux jours de
notre jeunesse, sur la question qui nous
occupe en ce moment, et tu ne saurais
me contester que le droit d'en faire
aujourd'hui l'application sur moi-même :
en auras-tu le courage ?

Tu sais quels maux ont brisé mon
cœur et flétri ma raison ; mon ame est
sortie déchirée d'une lutte inégale contre l'infortune : elle est désormais sans
énergie pour le bien, sans ressort pour
la vertu. De quelle résolution géné-
reuse pourrais-je être capable? A quelle
action honorable oserais-je prétendre? Je
te l'avoue avec honte et douleur, je me
familiarise avec cette pensée que rien de
noble et de généreux ne peut plus ger-
mer dans mon sein. Ce sont les regrets,
et non les remords qui me déchirent; je

désespère de tout, et surtout de moi-
même. Dans cet état, ce n'est point la
lassitude de vivre que j'éprouve, c'est
le désir d'échapper au vice, peut-être
même au crime. Sais-je où s'arrêterait
cette profonde insouciance pour le bien
qui s'est emparée de moi-même ?

Crois-moi donc, pour celui dont le
cœur se sent fermé à toutes les affec-
tions honnêtes, l'heure de la mort a
sonné.

J'ai épuisé la somme des sensations que la nature peut donner à une
ame humaine ; j'ai bu jusqu'à la lie la
coupe que le sort m'a présentée. Ce
patrimoine d'existence que chaque
homme apporte en naissant, je l'ai dé-
pensé avant l'âge.

J'ai goûté les plaisirs célestes de
l'amour et de l'amitié; j'ai passé ho-
norablement, avec toi, par toutes les
épreuves de la plus longue vie : au-
delà du terme que j'atteins , je ne
trouverais plus que déserts, horreur,
épouvante , et peut-être.....

Toute la philosophie morale, tu me
l'as dit cent fois , est comprise dans ce
précepte : « Occuper avec honneur le
poste que la Providence nous a confié,
et faire dans la situation où l'on se
trouve placé tout le bien dont on est
capable. »

Maintenant, dis-moi, à qui puis-je
être utile ? à quoi puis-je être bon ? Les
hommes me sont indifférens ; l'arran-

gement social auquel ils se soumettent
ne m'inspire que haine et mépris.

Que ferai – je et comment em-
ploierai–je, si je consens à vivre, un
reste de force et d'activité d'ame qui
ne se manifeste que par le désir de
mal faire?

Sais-tu bien, Charles, qu'entre le
crime et moi je ne trouve plus que ton
amitié ; que chaque jour j'en suis moins
digne, et que j'éprouve quelquefois
l'affreux besoin d'y renoncer ?

Après un tel aveu, oserais–tu me
conseiller de vivre? Tu l'oses cependant quand tu me rappelles le serment
par lequel nous nous sommes liés à
une époque où nous pouvions mettre

en commun toutes les chances de la
vie, sûrs que nous croyions être de n'a-
voir à partager que d'innocens plaisirs
ou d'honorables malheurs.

Tout est changé entre nous ; Charles
est resté le plus vertueux des hommes,
Anatole en est devenu le plus coupable ; tu es l'honneur de ta famille,
je suis le fléau de la mienne ; tu fais
le bonheur de tous ceux qui t'aiment,
j'ai causé la ruine de tous ceux qui
m'ont aimé.

Dans cette situation désespérée, tu
conviens que la mort est mon seul refuge, et cependant tu me condamnes à
l'opprobre de la vie quand tu me fais
pressentir que pour dernier crime je

frapperais un ami du coup qui doit
m'atteindre.

Je n'ai plus rien à ajouter pour ma
défense, et quelle que soit ta réponse,
j'y lirai mon arrêt.

+++++++ ++ ++++++++++ ++++++++++++++

LETTRE CIV.

❋

CHARLES A ANATOLE.

Rennes, ... 1787.

J'ai pesé chaque ligne de ta dernière lettre ; elle n'est point dictée, comme la précédente, par cet horrible dégoût de soi-même, qui ne laisse à celui qui l'éprouve d'autre désir que celui de cesser d'être.

Tu envisages ta position avec di-
16

gnité ; « ton malheur est sans espoir,
tu as perdu les moyens et la volonté
d'être utile, et cette vie qui t'est à
charge, n'est plus nécessaire à personne; il t'est permis de la quitter. »
Je n'ai rien à objecter à des raisons
fondées sur des principes qui sont les
miens, comme tu as pris soin de me le
rappeler dans ta lettre; après être convenu avec moi-même de la force et de
la justesse de ton raisonnement, il me
restait à examiner si la conséquence
rigoureuse que tu en tires, était immé-
diatement applicable à ta situation per-
sonnelle.

Sur cette question décisive, je suis
encore forcé de tomber d'accord avec
toi, et telle est, à cet égard, la force de
ma conviction, qu'en te rendant le maî-

tre de ta destinée, je consens à en séparer la mienne......

J'allais fermer ma lettre; une inspi-
ration subite élève dans mon esprit un
doute qui ne peut être détruit qu'en
présence de l'objet qui le fait naître.
Pour le présenter dans toute sa force,
il ne suffit pas que ma plume en soit
l'organe.

Point d'impatience ! je ne cherche pas à gagner du temps, et la
lettre de Cécile, que je t'envoie, n'est
pas de nature à te faire changer de résolution ; il te sera facile de voir à quelle
époque elle fut écrite, et de deviner
pourquoi je ne te l'ai pas communiquée
plus tôt.

Demain je pars de Rennes , mais je ne serai près de toi que dans huit jours.

LETTRE CV.

❀

CÉCILE A ANATOLE.

De l'abbaye de Laguiche, ... 1787.

JE ne romps pas le serment que j'ai fait de ne plus vous écrire : ainsi que moi vous avez cessé d'être avant d'avoir perdu la vie, et ce dernier entretien est celui de deux ombres au fond de leur tombeau. C'est demain, cher Anatole, que je mets entre le monde et moi une barrière éternelle ;

jusque-là je vous appartiens encore, et je vous dois compte de tous les mouvemens de mon cœur : peut-être un jour ces caractères les retraceront-ils à votre raison : je n'en forme point le vœu, je sais trop à quel supplice je vous condamnerais, s'il était exaucé. Avec quel désespoir n'apprendriez-vous pas que si la douleur de la perte de ma mère m'a conduite aux pieds des autels, c'est l'amour seul qu'y m'y enchaîne; que j'ai choisi cet asile d'innocence et de paix pour y nourrir une ardeur sacrilége, pour y adorer votre image, pour y consacrer mes souvenirs !

Anatole, c'est ici qu'on sait aimer ! c'est ici qu'une ame insatiable d'amour en retrouve partout l'éternel aliment. Mon bien-aimé, je ne te quitterai plus !

Aucune autre image que la tienne
ne viendra blesser mes regards. Dans
le recueillement du jour, dans le silence
des nuits tu me suivras partout ; ta
seule pensée remplira mon esprit, ta
seule voix arrivera jusqu'à mon oreille :
je te verrai sans cesse à mes côtés,
enivré des sentimens qui m'animent,
brûlant du feu qui me consume, et
toutes les illusions de l'amour se réu-
niront pour enchanter notre mort.

Non, Anatole, je ne mentirai pas
plus devant toi, que devant ce Dieu
près de qui ma passion vient chercher un
asile et non pas un refuge. Loin qu'aucun sentiment pieux, loin qu'aucun
remords ait part à la résolution que
je prends, elle ne m'est dictée que
par l'impossibilité de persister dans

ma faute. Sûre de ne pouvoir être ton épouse ; ce n'est qu'en perdant l'espoir d'être ta maîtresse que je me voue à cette solitude où je puis du moins rêver le bonheur que j'ai perdu. Jamais je ne fus plus coupable qu'au moment où je pouvais laisser au monde la preuve du plus sincère repentir. J'avais conservé quelques vertus dans l'ivresse d'une passion criminelle ; la piété filiale , l'amitié , l'estime de moi-même et des autres , les saintes lois de la pudeur régnaient avec toi dans un cœur dont vous vous partagiez l'empire. Maintenant restée seule avec des désirs sans frein et sans espérance , j'abjure des vertus ingrates qui me demandent le sacrifice impossible d'un amour qui me les avait rendues plus chères.

Rendons grâces au ciel, mon ami,
le flambeau de ta raison s'est éteint
quand il ne pouvait plus éclairer que
notre infortune ; demain l'aurore qui
commencera ma dix–septième année,
verra s'ouvrir les portes de mon tombeau. Mais qu'ai-je à regretter sur
cette terre que j'ai à peine entrevue ?
N'ai-je pas été aimée d'Anatole ? n'ai-je
pas épuisé en quelques mois toutes les
délices de la plus longue vie ? Est-il un
ravissement humain que l'union de nos
ames ne nous ait fait éprouver ? Ne t'ai-
je pas pressé sur mon sein , et n'avons-
nous pas invoqué la mort en ces momens, comme le terme et le comble de
toute félicité ? Le ciel a entendu nos
vœux ; il a détruit un bonheur que
toute sa puissance ne pouvait augmen-
ter : plus généreux envers toi, il t'é-

pargne le seul remords, qui s'attache
à mon ame, le seul souvenir qui nous
accuse, et qu'il me soit défendu de re-
tracer.

Adieu, le seul bien-aimé de mon
ame; la nuit s'avance, et déjà les premiers tintemens du béfroi ont retenti
dans ma cellule: ce moment a rouvert
la source de mes larmes.... elles tombent
sur le papier. Grand Dieu! si tu devais
un jour en reconnaitre les traces! si
tu renaissais à la raison.... ton premier
cri serait d'appeler Cécile..., et Cécile
ne pourrait t'entendre.... et nulle voix
ne répondrait à la tienne.... Affreuse
idée!... Non, je ne le prononcerai pas,
cet affreux serment de renoncer à toi....
Tu peux revivre, tu peux m'aimer....
Malheureuse! abjure une espérance

insensée. Tu les a lus , ces mots tracés
de la main d'un ami : *L'objet de tant
d'amour ne vit plus dans le cœur de
Cécile*. Oui , c'est là que tu existas
tout entier ; c'est du fond de ce sanctuaire que tu m'ordonnes de te suivre
aux pieds des autels , et d'y consacrer
en présence de Dieu même des nœuds
que la mort même ne rompra pas.

Quel bruit autour de moi! c'est la
fête d'hymen qui se prépare ; l'heureuse
fiancée ne se fera pas attendre. Adieu !
adieu !

FIN DU QUATRIÈME VOLUME.

TABLE

DES LETTRES

CONTENUES DANS CE VOLUME.

———

IMPRIMERIE DE J. TASTU.